MICHAEL LEHOFER

# 40 VERRÜCKTE WAHRHEITEN ÜBER FRAUEN UND MÄNNER

… die Sie unbedingt kennen sollten,
wenn Sie mit Ihrem Partner
glücklich werden wollen

# INHALT

# EINLEITUNG

Wenn wir nicht wissen, wie unermesslich unsere Sehnsucht nach einer Liebesbeziehung ist, müssen wir uns nur vergegenwärtigen, dass kaum ein Kunstwerk auf die Thematisierung einer solchen verzichtet. Opern und Theaterstücke, Musik, bildende Künste und Literatur kommen nicht ohne die Liebe zwischen Menschen aus. Liebesbeziehungen betreffen uns einfach, egal ob sie in unserem Leben Realität sind oder nicht. Denn sie spiegeln unsere Sehnsucht, endlich ganz, endlich vom Leben gesättigt, endlich zur Vollkommenheit ergänzt zu sein. Wir alle teilen das existenzielle Gefühl der Ungeborgenheit, das den großen Wunsch, ja den Hunger nach Vervollständigung und Schutz durch das ergänzende Du nach sich zieht.

In den Niederungen des konkreten Lebens erfüllen Liebesbeziehungen allerdings höchstens kurzfristig ihre Verheißungen, und schon gar nicht unsere geheimen Erwartungen. Das führt zu großem Leiden. Denn je höher die Erwartungen an eine Sache sind, desto größer ist die Enttäuschung. Die eigenen Reaktionen auf die Frustrationen einer Beziehung sind mitunter destruktiver als alles, was uns sonst im Leben zustößt. Wir scheitern in unserem Leben in der Regel an nichts so sehr wie an nicht gelungenen Liebesbeziehungen. Im Groben kann man sagen: Die einen werden süchtig, die anderen resignieren. Süchtigkeit und Resignation sind das Ärgste, was wir uns selbst in unserem Leben antun können. Mit beidem versuchen wir zu kompensieren, was unersetzlich ist: die Liebe.

Die Liebe ist psychologisch gesehen ein durchlässiger Zustand (wir sind liebend in Verbindung), während Süchtigkeit und Resignation Verdichtungen darstellen (weil sie Schutzmuster sind). Wir nehmen an, dass wir im durchlässigen Zustand ungeschützter sind als im verdichteten. Leider ist jedoch das Gegenteil wahr. In der Liebe flutscht das Leid des Lebens gleichsam durch uns durch. Resignation und Süchtigkeit hingegen bewirken, dass sich das Leid quasi in uns staut. Liebe macht das Leben auf angenehme Weise reizvoll und süß, Resignation und Süchtigkeit verbittern es.

## In Liebesbeziehungen muss man mit Überraschungen, ja mit Wundern rechnen.

Liebesbeziehungen sind mit einer immensen Heilserwartung verbunden. Das macht sie so attraktiv. Gleichzeitig traumatisiert es uns wie nichts anderes, wenn unsere Sehnsüchte ins Leere greifen. Die damit einhergehende Verletzung verringert die Wahrscheinlichkeit, nochmals eine erfüllende Liebesbeziehung leben zu können. Denn Verletzungen führen zu Vermeidungshaltungen, die uns daran hindern, die verheißungsvolle und gleichzeitig bedrohliche Nähe erneut zu riskieren. Nach einer schlechten Beziehungserfahrung sehnen wir uns immer noch nach erfüllender Liebe, doch zugleich vermeiden wir sie, um nicht wieder verletzt zu werden. Dieses Hin und Her ist ein großes Dilemma – das, was wir zutiefst ersehnen und befürchten, ist zwangsläufig ein unvergleichliches Lebensthema. Viele Menschen inszenieren ihr Leben in einem Tanz zwischen Sehnsucht und Furcht auf bizarre Weise. Diesen Tanz zu beschreiben, ist Inhalt dieses Buches.

Keine Liebesbeziehung auf der Welt kann unsere unermesslichen Sehnsüchte nach Vervollkommnung stillen. Die Unermesslichkeit ist uns nicht bewusst. Sie ergibt sich daraus, dass wir in allem und jedem ein Du brauchen, um uns zu nähren und zu entfalten – um zu sein. So entwickeln viele von uns eine Gier. Die Gier nach Macht, Geld, Sex, Geltung und anderen

Dingen ist oftmals der hilflose Versuch, zu dem zu kommen, was man so gerne hätte, was einem auf diese Weise aber sicher verwehrt bleiben wird. Diese Faktoren führen zu einer Beziehungsunfähigkeit, die das Scheitern fast zwangsläufig herbeizwingt: In unserer Gier nach *allem* versäumen wir das, was uns durchaus erfüllen könnte.

Liebesbeziehungen können Kostproben des Paradieses sein. Sie sind aber nicht das Paradies. Im Gegenteil, häufig sind sie eine schmerzliche Einladung, sich weiterzuentwickeln. Das sollte man wissen. In meiner Praxis als Psychotherapeut, aber auch in meinen privaten Begegnungen staune ich immer wieder, wie wenig Ahnung viele meiner Gesprächspartner davon haben, wie eine Liebesbeziehung »geht«. Wir leben in einer Wissensgesellschaft; das Wissen hat absolute Priorität. Aber es besteht ein Mangel an Weisheit. Es fehlen die lebenserfahrene gütige Großmutter, der weise Großvater, die einem sagen könnten, wie das Leben funktioniert.

Ich kann das für mein eigenes Leben bestätigen. Welch wahnsinnige Entscheidungen habe ich hin und wieder getroffen und musste dann die Suppe auslöffeln! Sicherlich, in der jeweiligen Situation hätte ich vielleicht auf niemanden gehört, wäre möglicherweise zu engstirnig gewesen. Aber wenn ein Mensch, den ich achte und liebe, vorher mit mir über diese Dinge gesprochen hätte, hätte ich in vielen Situationen klüger und angemessener reagieren können.

Welches Wissen also fehlt uns? Es sind die sogenannten Soft Skills, die uns abgehen: persönliche Kompetenzen, die einer Sache gerecht werden, die sich jedoch nicht so einfach beschreiben lassen. Da Liebesbeziehungen so komplex sind, kann man sie fast nur subjektiv bewältigen; es gibt keine Regeln, die immer gelten. Ungeachtet dessen haben die Sozialpsychologie, die Neurobiologie, die Soziologie und einige andere Forschungsrichtungen interessante systematische Gemeinsamkeiten bezüglich dessen herausgefunden, was man verstehen kann, wenn man daran interessiert ist, eine möglichst glückliche Liebesbeziehung zu führen. Diese Erkenntnisse verbinde ich im Folgenden mit meiner Erfahrung als Psychotherapeut und nicht zuletzt mit meiner persönlichen Lebenserfahrung. Doch wenn man von Liebesbeziehungen spricht, muss man immer wieder mit Überraschungen, ja mit Wundern rechnen. Alles, was in diesem Buch steht, ist daher selbstverständlich weder vollständig noch immer richtig.

## *Für eine gelungene Liebesbeziehung fehlen uns oftmals die Soft Skills.*

Dazu gibt es eine sehr schöne Anekdote von Alfred Adler, einem der ersten Schüler Sigmund Freuds. Eines Tages hielt Adler in seiner Heimatstadt Wien einen Vortrag. Er kam auf die Bewältigung von Angst zu sprechen und sagte, dass man dafür der Angst ins Auge blicken müsse. Als Beispiel nannte er den Schulweg, den er als Volksschüler immer gegangen war und der an einem Friedhof vorbeiführte. Vor allem in der dunklen Jahreszeit fürchtete er sich jedes Mal, wenn er an diesem gespenstischen Ort vorbeimusste. Doch irgendwann fasste er sich ein Herz und kletterte die Mauer hinauf. Und was sah er? Nichts! Von da an fürchtete er sich nicht mehr.

Nach dem Vortrag kam ein Herr auf ihn zu, den er nicht kannte. Er gratulierte Adler zu dem wunderbaren Vortrag, und es stellte sich heraus, dass er ein Volksschulkollege von Alfred Adler war. Er hatte sich allerdings so verändert, dass Adler ihn nicht wiedererkannt hatte. Dieser Herr nun machte Alfred Adler darauf aufmerksam, dass in der Nähe ihres Schulwegs gar kein Friedhof gewesen sei. Adler widersprach. Man beschloss, am nächsten Morgen den gemeinsamen Schulweg nachzugehen. Und tatsächlich stellte sich heraus, dass es dort keinen

Friedhof gab. Daraufhin entschied sich Adler, jeden Vortrag mit den Worten enden zu lassen: »Und schließlich darf man nicht vergessen, dass alles auch ganz anders sein kann!«

*Und schließlich darf man nicht vergessen, dass alles auch ganz anders sein kann.*

# 1
# WARUM MÄNNER VON IHREN FRAUEN BEWUNDERT UND FRAUEN VON IHREN MÄNNERN GESEHEN WERDEN SOLLTEN

Beziehungen, die gut funktionieren, haben überdurchschnittlich häufig etwas Erstaunliches gemeinsam: Die Männer werden von den Frauen bewundert und die Frauen fühlen sich von den Männern gesehen. Männer brauchen oft viel Bewunderung, vor allem in partnerschaftlichen Beziehungen. Die Frage »War ich gut?«, obwohl bekanntlich geschmacklos (vor allem nach gemeinschaftlicher sexueller Aktivität), kommt vermutlich eher einem Mann über die Lippen.

Natürlich brauchen auch Frauen Bewunderung. Bewunderung ist reinste narzisstische Zufuhr, und es gibt einen gesunden Narzissmus, ohne den keine gedeihliche Entwicklung möglich ist. Daher benötigt jedes Kind Bewunderung, ehrliche Bewunderung. Es braucht sie, um zu einem positiven Selbstbild zu kommen, um letztlich Ja zu sich sagen zu können.

Bewunderung wirkt in zwischenmenschlichen Beziehungen unterschiedlich. So kann der Mächtige mittels Bewunderung den anderen auf Augenhöhe bringen. Der Vater, der den Sohn bewundert, hebt den Sohn auf die gleiche Stufe, auf die ihn der Sohn gestellt hat. Wie schön ist das! Bewunderung bedeutet, den anderen als Wunder anzuerkennen.

Andererseits birgt Bewunderung auch die Möglichkeit einer Machtdefinition: Wenn nämlich der Untere den Oberen bewundert, lässt sich der Obere durch den Unteren definieren. Ein Beispiel: Wenn ein Chef offen von einem Mitarbeiter bewundert wird, dann könnte es sein, dass der Mitarbeiter den Chef durch seine Bewunderung steuern möchte. Das will dieser gewöhnlich nicht. Daher muss man mit der Bewunderung von Chefs etwas vorsichtig sein. Was Chefs wirklich wollen, ist, gesehen zu werden. Denn sie führen, sie gehen ihren Mitarbeitern voran. Sie sind darauf angewiesen, sicher gesehen zu sein. Nur dann können sie unbesorgt vorangehen.

Aus dieser Sicht sind Männer in Partnerschaften Mitarbeiter in der Firma ihrer Frau (so schlimm das klingt!). Daher ist die Bewunderung für den Mann seitens der Frau quasi eine Einladung, in eine ebenbürtige Beziehung zu kommen. Die Achtung des Mannes für die Frau wiederum gewährt eine gewisse Sicherheit, dass die Anliegen der Frau, die sie mit dieser Beziehung verbindet, realisiert werden.

## In Partnerschaften sind Männer die Mitarbeiter in der Firma ihrer Frau.

Natürlich sind sowohl Bewunderung als auch das Gesehenwerden in einer funktionierenden Beziehung etwas Gegenseitiges. Wenn die Beziehung in eine Schieflage gerät, liegt eigentlich immer eine Miss- oder gar Verachtung seitens der Frau oder/ und ein entwürdigendes Übersehen der Frau durch den Mann vor. Daran kann man arbeiten, wenn man (noch) will. Meiner Lebenserfahrung nach gibt es bei beiden Modalitäten kein Mittelmaß: Entweder die Frau bewundert ihren Mann oder sie verachtet ihn. Gleichermaßen ist der Mann entweder mit allen Sinnen bei der Frau oder er übersieht sie vollkommen.

Heute habe ich mit meiner Tochter und meinem Schwiegersohn gefrühstückt. Ich weiß, dass er sie ob ihrer Klugheit und vieler anderer Eigenschaften bewundert. Und wie drückt er seine Bewunderung aus? Er hat gemerkt, dass sie ihr erstes Brötchen gegessen hat, und streicht ihr ein zweites mit genau so viel Butter darauf, wie sie es liebt. Er ist ein Gentleman. Man muss einer Frau nicht nur stereotyp die Tür aufhalten, um dafür zu sorgen, dass sie sich gesehen fühlt. Sie wiederum hat unlängst beim Abendessen stolz verkündet, dass er in seinem Studium einen Abschluss erreicht hat, von dem er von sich aus nicht gesprochen hätte. Wir haben ihm alle gratuliert und er hat verstanden: Meine Frau ist stolz auf mich, denn sie hat immer ein Auge auf mich.

*Bewunderung und Aufmerksamkeit*
*bringen auf unterschiedliche Weise*
*das Gleiche zum Ausdruck:*
*die Verbundenheit.*

Vielleicht gefällt diese Beobachtung meiner Tochter und ihrem Partner gar nicht. Denn sie beschreibt ein in ihren Augen möglicherweise reaktionäres Verhalten (sie sind das, was man landläufig linke Intellektuelle nennen würde). Das Beispiel zeigt jedoch, dass man sich nicht leicht mit dem Bewusstsein über typische Rollenspiele zwischen Mann und Frau hinausentwickeln kann, ganz unabhänig davon, ob man sie für genetisch oder kulturell bedingt hält.

Bewunderung (seitens der Frau) und Aufmerksamkeit (seitens des Mannes) unterscheiden sich vor allem in der Art und Weise, wie die Zuneigung gezeigt wird. Im Grunde sind Bewunderung und Gesehenwerden nur äußere Zeichen für das Gleiche: die Verbundenheit.

Immer wieder kommt es vor, dass Bewunderung und Aufmerksamkeit andersherum verteilt sind. Ich erinnere mich an ein Ehepaar, das einmal bei mir in Behandlung war. Sie war ihm beruflich überlegen, er hatte eindeutig mehr Herz (eine komplementäre Konstellation, die man bei vielen Paaren beobachten kann). Er bewunderte sie, sie wiederum war bestrebt, ihm jede Aufmerksamkeit der Welt zukommen zu lassen. Alles okay, möchte man meinen. Leider neigte sie zu Seitensprüngen. Vielleicht aus Familientradition, denn schon ihre Mutter hatte ihren Vater regelmäßig betrogen. Möglicherweise hat die Umkehrung des Bewunderungs-Aufmerksamkeits-Themas in dieser Beziehung aber auch zu einer Rollendiffusion geführt, die in ihr die Sehnsucht nach einem »wirklichen Mann« geweckt hat.

Gerade in der heutigen Zeit, in der durch die gesellschaftlichen Veränderungen gigantische Verschiebungen der Rollenbilder stattgefunden haben und auch eingefordert werden, ist es wichtig, sich der Auswirkungen der inneren Bilder bewusst zu werden, die in uns allen gespeichert sind. Ob diese inneren Bilder kulturell und/oder biologisch bedingt sind, ist einerlei: Sie sind wirksame Elemente in uns und können, wenn sie nicht entsprechend beachtet werden, immense Konsequenzen haben.

# 2
# WARUM AFFÄREN PARADOXERWEISE OFT STABILER SIND ALS FIXE BEZIEHUNGEN

Man lernt nicht selten Frauen kennen, die offensichtlich schick, elegant und sexy sind und trotzdem nie einen Partner zu haben scheinen. Viele von ihnen haben jedoch einen (versteckten) verheirateten Partner. Das war früher eine typische Konstellation, heute kenne ich auch Männer, auf die diese Beschreibung zutrifft. Sonderbarerweise schützen die Betroffenen die Beziehung ihrer verheirateten Partner, indem sie niemandem von der Affäre erzählen. Selbst im Rahmen einer Psychotherapie haben sie ein schlechtes Gewissen, wenn sie es »ausplaudern«. Sie sind stille Mitwisser der Untreue desjenigen, der die Ehefrau oder den Ehemann betrügt, und identifizieren sich mehr mit dem Betrug als der Betrüger selbst. Die damit dokumentierte Loyalität ist ein Ausdruck der überzufällig häufigen, unheimlich anmutenden Stabilität solcher Beziehungen.

Die verheirateten Männer oder Frauen wiederum sind in Bezug auf ihre Ehepartner auffallend häufig eifersüchtig; die Betrüger wollen keinesfalls die Betrogenen sein. Wie der Schelm ist, so denkt er vom anderen. Ehemänner, die fremdgehen, sind so eifersüchtig, weil sie aus Erfahrung mit sich selbst wissen, wie wenig gewiss Treue ist. Zweifelsohne können sie sich auf die Treue ihrer Geliebten mehr verlassen als auf die Treue ihrer Ehefrauen.

Es gibt verschiedene Gründe, warum Affären mitunter stabiler als fixe Beziehungen sind. Das ist überaus erstaunlich, denn wie oft lassen sich Frauen in der Rolle der Geliebten in einer Weise beleidigen, wie es in fixen Beziehungen kaum möglich wäre? Wie oft werden sie gekränkt? Warum verlassen sie den verheirateten Partner nicht? Das fragt man sich.

Manchmal argumentieren Frauen, die mit diesen Fragen konfrontiert werden, damit, dass sie noch nie einen Mann getroffen hätten, der sie sexuell so befriedige oder anderweitig der Inbegriff des idealen Mannes sei. Leider sitzen sie damit einem Irrtum auf: Wenn wir die Erfahrung der ultimativen Befriedigung machen, hängt das weniger vom Gegenüber ab als von uns selbst. Der andere hat es einem zwar ermöglicht, die eigenen Hemmungen zu überwinden und sich absolut hinzugeben. Doch die Befriedigung ist immer etwas, das wir in erster Linie uns selbst zuschreiben sollten und nicht dem anderen. Ansonsten räumen wir dem anderen einen Platz in unserem Leben ein, der ihm nicht zusteht.

*Frauen merken sich die Fehler ihrer*
*Beziehungspartner und führen eine Liste.*
*Männer wissen nichts davon.*

Im Grunde verhält es sich eher so: Wenn sich eine Frau einen Mann als Partner ausgesucht hat und er antwortet ihrem Werben auf eine Weise, dass das sehnsüchtige Herz genährt wird, dann kann sie in den meisten Fällen schwer von ihm ablassen. Die Suchtmedizin kennt das: Eine intermittierende Verstärkung macht wirklich süchtig, keinesfalls eine kontinuierliche Befriedigung der Bedürfnisse.

Ein mindestens ebenso wichtiger, wenn auch oft verkannter Grund für die höhere Stabilität von Affären gegenüber ehelichen Beziehungen ist die sogenannte »Liste«. Frauen neigen in fixen Beziehungen dazu, eine innere Liste zu schreiben, auf der alle Fehlhandlungen des Mannes verzeichnet werden. Die meisten Männer haben dies schon erfahren: Frauen vergessen kaum einen Fauxpas ihres Mannes und ziehen ihn bei »passender« Gelegenheit noch Jahrzehnte später aus der Schublade. Das höhere Erinnerungsvermögen in partnerschaftlichen Angelegenheiten dürfte an der höheren emotionalen Kompetenz von Frauen liegen. Man merkt sich nur das, was mit einem hohen emotionalen Tonus erlebt wird. Und so merken sich die Frauen die kleinen und die großen Fehler ihrer Partner; umgekehrt ist das deutlich seltener der Fall.

Die meisten Frauen, mit denen ich gesprochen habe, geben zu, schon mal eine Liste geführt zu haben oder aktuell zu führen. Männer jedoch wissen nichts von der Liste; zumindest ist mir noch keiner untergekommen.

*Wenn Männer einmal die rote Linie überschritten haben, gibt es kein Zurück.*

Die Liste ist nominalskaliert, das heißt, kleine und große Fehler zählen auf der Liste gleich viel. Das ist natürlich ungerecht. Denn brave, unaufmerksame Männer bekommen die Liste möglicherweise recht schnell voll, indem sie beispielsweise regelmäßig den Besuch bei der Schwiegermutter vergessen oder viele andere lässliche Sünden begehen, während Schurken, die sich große Sünden leisten, ansonsten aber charmant sind, oft erstaunlich lange toleriert werden.

Wenn die Liste voll ist, lösen sich Frauen aus der Beziehung. Sie gehen in die innere Emigration, beginnen möglicherweise ihrerseits eine parallele sexuelle Beziehung, wobei sie gewöhnlich kein schlechtes Gewissen haben, und wenn sich ihnen eine bessere Option bietet, verabschieden sie sich offiziell aus der Beziehung. Manchmal warten sie gezielt, bis die Kinder groß sind, um ihnen keinen Kummer zu bereiten; wenn sie dann ihren Mann verlassen, kommt diese Entscheidung für ihn wie ein Blitz aus heiterem Himmel.

Die Achtung für den Mann ist nach Komplettierung der Liste endgültig passé und lässt sich auch nicht mehr erneuern. Wenn Männer in der Wahrnehmung der Frauen einmal die rote Linie überschritten haben, gibt es kein Zurück, selbst wenn die Frauen wollten.

Eigenartigerweise kann aber mit der Führung einer Liste erst begonnen werden, wenn eine Beziehung fix ist; in sogenannten Affären wird sie nicht geschrieben. Zudem kann eine Frau einen Mann, den sie liebt, nur dann wirklich gut verlassen, wenn er einmal fix ihr Partner gewesen ist. So kommt es, dass fixe Beziehungen oft weniger stabil sind als Affären.

# 3
# WARUM MÄNNER MACHO UND FRAUEN TUSSI KÖNNEN SOLLTEN

Wir sind psychosexuell gesehen Fetischisten. Daher fahren wir alle in gewisser Weise auf äußere Signale ab. Wenn Menschen einen Partner suchen, kann es passieren, dass sie auf einen wunderbaren Menschen treffen. Wenn dieser jedoch nicht die Erfüllung der psychosexuellen Bedürfnisse verheißt, wird der wunderbare Mensch (lediglich) ein guter Freund bleiben und nicht ganzheitlich – damit ist gemeint: auch als geschlechtliches Wesen – angesprochen werden.

Ich war schon immer das, was man einen Frauenversteher nennt. Das ehrte mich als junger Mann. Frauen schätzten die Kommunikation mit mir. Sie luden mich nicht selten zum Frühstück ein. Bis ich eines Tages darauf kam, dass es Freunde gab, die auch eine Einladung zum Frühstück erhielten. Nur durften sie bereits am Abend kommen ...

Als ich das begriff, war ich wenig begeistert. Fakt ist, ich war zu adaptiv. Das haben die Frauen nicht als sexy empfunden. Ich hätte, aus heutiger Sicht, entschiedener vorgehen müssen, hätte mehr Zug zum Tor haben müssen, um es in der Fußballersprache auszudrücken. Eine Frau will, dass ein Mann will, um selbst wollen zu können. Männer, die quasi die Frauen fragen, was sie wollen dürfen, werden von den wenigsten als attraktiv wahrgenommen, obwohl das (paradoxerweise) auch irgendwie von vielen Frauen eingefordert wird.

Heute weiß ich, dass Frauen es überaus schätzen, wenn man ihre Grenzen, die sie selbst bestimmen wollen und müssen, beachtet. Gleichzeitig weiß ich auch, dass sie es schätzen, wenn man ihnen vermittelt, dass man auch über die Grenzen gehen könnte, wenn man wollte. Diese Form oberflächlichen Selbstbewusstseins ist für die meisten Frauen ein Gewürz, das sie als psychosexuellen Attraktor erleben.

Viele Männer glauben sich positiv in Szene setzen zu müssen, indem sie angeben. Das ist eine Form von Machotum, die nicht so gut ankommt, zumindest in der Regel. Denn wer angibt, ist marktschreierisch. Er weiß eigentlich nicht, was er wert ist. Wenn man schon angibt, dann bitte dosiert. Auch da gilt: Oberflächlichkeit ist etwas, das man können sollte. Denn ein Mensch, der nicht oberflächlich sein kann, ist meist zu schwerfällig, einfach anstrengend. Es ist nicht fein, seine Zeit mit Menschen zu verbringen, die immer tiefschürfend sind. Das macht das Leben zu schwer. Fein ist es, wenn ein Mensch alles kann, und alles zu seiner Zeit.

## *Machotum will wohldosiert sein.*

Irgendwie ist es ja lächerlich, ein Macho zu sein. Und doch bleibt einem als Mann nichts anderes übrig, wenn man für das andere Geschlecht attraktiv sein will. Um die Lächerlichkeit in Maßen zu halten, ist Humor vonnöten. Humor ist das Schmiermittel des Lebens. Er setzt die Möglichkeit voraus, sich selbst nicht zu wichtig zu nehmen und folglich zuallererst über sich selbst lachen zu können.

Was macht einen Macho attraktiv? Es ist die Tatsache, dass er cool ist. Cool ist jemand, der nicht Opfer seiner eigenen Emotionen ist. Manchmal ist es ganz angenehm, wenn die Emotionen nicht so drängend sind. Genau das bietet der Macho den Frauen. Es ist also nicht von Nachteil, als Voraussetzung einer Mann-Frau-Beziehung Macho zu können. Die Dosis bestimmt allerdings die Qualität beziehungsweise macht das Gift.

Komplementär ist es beim Tussitum. Dieses ist natürlich für jeden Feministen ein Brechmittel. Daher muss es so dosiert werden, dass es nicht die Persönlichkeit überschminkt. Da Tussis danach lechzen, als attraktiv wahrgenommen zu werden (das ist ihr einziges Ziel, auch wenn Tussis noch so sehr behauten mögen, sich nur für sich selbst herzurichten), muss das Maß an Tussitum so gewählt werden, dass es keine aggressive Konkurrenz zu anderen Frauen darstellt.

*Im Rollenspiel der Geschlechter dürfen*
*wir auf keinen Fall uns und die Rolle*
*miteinander verwechseln.*

Frauenfreundschaft und Frauenkonkurrenz sind interessante Themen. Ich werde aber aufgrund meiner männlichen Identität davon absehen, näher darauf einzugehen. Das sollen Frauen selbst tun. Es sei an dieser Stelle lediglich bemerkt, dass sich die persönliche Reife von Frauen nicht zuletzt darin spiegelt, wie sehr sie anderen Frauen gegenüber solidarisch sein können und wie behutsam sie mit den Gefühlen ihrer Geschlechtsgenossinnen umzugehen wissen. Ein Freund hat mir unlängst eine berührende Geschichte erzählt. Er weilte auf einer Städtereise in Lissabon, gemeinsam mit seiner attraktiven Frau und einem befreundeten Ehepaar. Die andere Frau war nicht so schön wie seine. Als sie eines Morgens zum Sightseeing aufbrachen, fragte er seine Frau, warum sie angesichts der hohen sommerlichen Temperaturen kein Kleid anzöge (sie hat ansehnliche Beine, die ihm gefallen). Sie meinte, sie wolle die andere Frau nicht beschämen, und ging deshalb lieber in Hosen. Diese aufmerksame Rücksichtnahme rang mir alle Hochachtung ab.

Das Leben ist ein Spiel. Ich vergleiche es mit einem Ballspiel. Wenn wir uns als eine Gruppe entscheiden, miteinander ein Ballspiel zu spielen, ist es nur lustig, wenn wir das Spiel ernst nehmen. Wenn wir aber verbissen werden und das Spiel todernst nehmen, werden wir uns gegenseitig verletzen. Auch werden wir so dem Spiel nicht gerecht.

Genauso ist es mit dem Spiel der Geschlechter. Dieses ist ein Rollenspiel. Es ist das ewige Theater, von dem schon Shakespeare sprach. Es macht Spaß, dabei mitzuspielen. Jeder möge das Kostüm anziehen, das zu ihm passt. Aber möge Gott behüten, dass wir uns und die Rolle miteinander verwechseln.

Machosein und Tussisein gehören zum Spiel des Lebens. Wenn wir es richtig dosiert spielen, tragen wir dazu bei, dass unser Alltag ein Zaubergarten wird. Letztlich lebt die Erotik davon. Die Erotik speist sich aus dem, wie jemand spricht, wie er sich bewegt, wie er riecht, wie er sich kleidet. Sie lebt von der Inszenierung der Oberflächlichkeit, ohne die das Leben – paradoxerweise – keine Tiefe hat.

# 4

# WARUM PAARE, DIE MITEINANDER PROBLEME HABEN, IM GRUNDE IMMER NUR EIN PROBLEM HABEN

Offensichtlich haben Paare miteinander Probleme. Diese Tatsache wird gewöhnlich als nachteilig beurteilt. In Wahrheit ist es aber notwendig, in Paarbeziehungen Probleme zu haben. Denn nur bei Problemen können wir reifen. Die Reifung bedeutet Wachstum und ist daher ein Lebenszeichen wie kein anderes.

Wenn man in einer Paarbeziehung ein gravierendes Problem hat, hadert man gewöhnlich mit seinem Schicksal. Im Grunde poppt in diesem Zusammenhang aber meist nur ein bisher verdeckter Konflikt des Paares auf. Nicht der Konflikt ist das Problem, sondern die Weise, wie das Paar mit ihm umgeht.

Der legendäre Fußballtrainer Pep Guardiola gewann mit seiner ehemaligen Mannschaft Bayern München einmal 39 Spiele in Folge. Dann verlor er zwei Spiele. Gefragt, wie es ihm damit gehe, sagte er sinngemäß, er sei erlöst, denn nur mit Niederlagen könne er die Mannschaft weiterentwickeln.

So ist es auch in unserem Leben. Wenn das Leben wie geschmiert läuft, können wir uns nicht entwickeln. Man spricht in der Psychologie von Dehnung, die notwendig wird, wenn wir Probleme bewältigen wollen. Sich zu dehnen heißt, sich zu erweitern. Wir dehnen uns aus dem fiktiven Korsett unserer Vorstellung von uns selbst hinaus und entwickeln uns in Richtung unserer wahren Möglichkeiten.

Viele denken von sich, dass sie nicht ohne Partnerschaft leben können. Natürlich kann es für sie schwer werden, wenn ihnen das Leben eines Tages dieses Menü serviert. Aber auf eines dürfen wir uns verlassen: Wenn wir mit einem Schicksal konfrontiert werden, sendet uns das Leben immer Hilfsangebote. Die Frage ist nur, ob wir die Hände, die uns gereicht werden, ergreifen können.

Andere denken, dass sie sich dies und jenes nicht gefallen lassen dürfen. Und manchmal zwingt sie dann das Leben sich zu dehnen, indem sie sich genau solche Dinge gefallen lassen müssen. Zum Beispiel wenn ihre erwachsenen Kinder mit ihnen abwertend umgehen. Da kann man sich kaum wehren, denn Kinder sind wie Gliedmaßen des eigenen Körpers, von denen man sich nicht trennt, auch wenn sie schmerzen.

## *Partnerschaften sind Encounter-Gruppen früher Störungen.*

Vor einiger Zeit bin ich auf einen kleinen Trick gekommen. Wie jeder Mensch denke ich manchmal, dass ich mir dies und jenes nicht gefallen lassen kann. Inzwischen habe ich mir angewöhnt, immer dann, wenn ich das denke (ein Aufruf von mir an mich selbst zur Selbststabilisierung), mir vorerst gefallen zu lassen, was ich eigentlich nicht akzeptieren kann. Und erst wenn ich es ertragen habe, weise ich das vermeintlich Unerträgliche zurück oder aber ertrage es ohne Probleme. So verhindere ich, dass mich mein narzisstisches Selbst (das jeder Mensch auf seine Art in sich trägt) steuert.

Ein großes Mysterium ist die Partnerwahl. Warum wählen wir gerade diesen und nicht einen anderen Menschen aus? Psychologen nehmen an, dass die Wahl auf der Basis früher Erfahrungen mit sogenannten primären Bezugspersonen geschieht, also mit der Mutter, dem Vater etc. Nach dieser Theorie erkennen wir im »Strichcode« einer Person eine Ähnlichkeit mit dem Code derjenigen Menschen, die uns am Anfang unseres Lebens nahe waren. Die Partner imitieren die primären Beziehungen im Positiven, indem sie uns an das Nahrhafte in diesen Beziehungen erinnern, und im Negativen, indem sie die Defizite, die wir dort erlebt haben, wachrufen. Wir greifen also intuitiv auf wohlbekannten Ressourcen ebenso wie auf Verletzungsschemata zurück. Denn in Liebesbeziehungen werden frühkindliche Beziehungsprobleme aktualisiert und harren ihrer Lösung. Partnerschaften sind Encounter-Gruppen früher Störungen.

*Jeder Mensch ist in einer Partnerschaft viel komplizierter als in sonstigen Beziehungen.*

Wir suchen uns also den Partner oder die Partnerin in der stillen Hoffnung aus, die frühkindlichen Muster wiederzufinden. Wir wollen sie wiederfinden, damit wir das Leben von damals gut machen können. Wir sind davon getrieben, uns endlich zu vervollkommnen. Das ist natürlich ein hoher impliziter Anspruch. Kein Wunder, dass Beziehungen nicht selten scheitern.

Jede sogenannte Liebesbeziehung ist ein Science-Fiction-Film. Liebesbeziehungen haben etwas Traumhaftes; in ihnen stehen Raum und Zeit, Vergangenheit, Gegenwart und Zukunft ungeordnet zueinander. Liebesbeziehungen haben immer einen psychotischen Charakter, sonst sind sie keine. Psychotisch ist etwas, in dem sich bezüglich des Erlebens Ordnungen auflösen, etwa Grenzen zwischen Ich und Du, aber auch rationale Vorstellungen und vieles andere mehr. Jeder Mensch ist in Paarbeziehungen ein anderer als in seinen sonstigen Beziehungen: komplizierter, in der Tat viel komplizierter. Man verwechselt regelmäßig den Partner mit einer Bezugsperson aus seinem früheren Leben. Kein Wunder, dass sich Menschen im Leben in nichts so oft und so heillos verheddern wie in ihren Liebesbeziehungen. Wir entgleisen nirgends sonst so sehr wie in solchen Konstellationen.

Das eigentliche Problem, das man in einer Partnerschaft hat, besteht darin, nicht erkennen zu können, dass nicht der andere das Problem darstellt, sondern man selbst. Man inszeniert in der Begegnung mit dem anderen das eigene Urproblem. Urprobleme sind archetypische Herausforderungen. Ich war in meiner Kindheit ein verlassenes Kind. Daher spielt das Sichverlassen-Fühlen in meinen Beziehungen seit jeher eine große Rolle. Mittlerweile weiß ich, dass das nichts mit meiner Partnerin zu tun hat.

Laut Bindungstheorie sind es immer die Erfahrungen mit Nähe, die uns in Paarbeziehungen prägen. Sie liegen wie ein Fluch über den Beziehungen, ziehen immer wieder eigenartige Gewänder an, mit denen sie uns schrecken. Ein Mensch, der nicht treu sein kann, hat möglicherweise Angst, verlassen zu werden, und muss unbewusst immer einen Plan B realisieren. Ein fragiler Mensch (wobei das auch bloß eine festgefahrene Selbstvorstellung sein kann), der sich der körperlichen Intimität verweigert, erlebt bisweilen den anderen als so penetrant, weil er um sein Selbstgefühl bangt. Und solche Beispiele gibt es zuhauf. Es gibt kaum eine Inszenierung einer Partnerschaft, in der sich nicht der Grundkonflikt in vielen Facetten spiegelt.

Neben typischen Nähe-Distanz-Konflikten, wie »Du liebst mich nicht«, »Du kümmerst dich nicht um mich«, gibt es auch typische Konflikte, die aus der unterschiedlichen energetischen Grundausrichtung der Partner entstehen. Wenn ein Mensch eine bullige, starke Grundenergie hat, ein anderer aber eine zarte, feinfühlige, zerbrechliche, kann das anfangs faszinierend sein, im Laufe der Beziehung aber zu größeren Problemen führen. In solchen Fällen geht es darum, ernsthaft gegenseitig aufeinander zuzugehen und vor allem die unterschiedliche energetische Ladung wertzuschätzen. Man kann die Stärke und die Zartheit bewundern, wie in einer schönen Ausstellung von Bildern. Man kann die Diversität bewundern und dafür dankbar sein, anstatt dem anderen sein Anderssein vorzuwerfen.

## *Veränderung gehört nicht zum Grundkonzept von erwachsenen Menschen.*

Ich erinnere mich an ein Ehepaar, bei dem sie energetisch wesentlich stärker war als er. Sie wusste es aber nicht und dachte, sie sei die Schwache, weil ihr das in der Kindheit eingeredet worden war. Sie unterschätzte die eigene aggressive Energie. Der Rückzug ihres Mannes brachte sie regelmäßig aus dem Häuschen. Natürlich erzeugte dies bei dem Mann wiederum eine Reaktion; er fühlte sich an seine impulsive Mutter erinnert, der gegenüber er als Junge machtlos gewesen war. Es gelang den beiden leider nicht, das schreckliche Missverständnis aufzulösen.

Durch dieses Missverständnis sind wir vor der Lösung des Problems »geschützt«. Warum? Wir Menschen scheuen uns vor Selbstverantwortung. Denn diese zieht die Notwendigkeit einer Veränderung nach sich, die wir scheuen wie der Teufel das Weihwasser. Veränderung gehört nicht zum Grundkonzept von erwachsenen Menschen. Wir verändern uns nur, um nichts ändern zu müssen. In wie vielen Beziehungen bittet ein Teil den anderen, er möge diese Eigenschaft oder jenes Verhalten ändern! Doch Veränderung passiert erst, wenn ein Abbruch der Beziehung droht. Wir verändern uns, damit sich nichts ändert. Es wäre schön, wenn wir uns auch nach der Jugend den Anfragen des Lebens gegenüber öffnen könnten!

Beziehungen sind wie ein klassisches Drama, in dem in allen Akten nur ein Problem bearbeitet wird. Das Problem, das wir in unseren Beziehungen haben, ist nie das Gemeinsame, sondern stets das Eigene, das uns im anderen entgegenkommt, von ihm getriggert wird. Nicht wenige Menschen haben zahlreiche Beziehungsversuche hinter sich und ziehen sich frustriert zurück. Doch eigentlich sind sie es selbst, die sich in all ihren Partnern begegnen.

Wir haben alle nur ein Problem, und das sind wir selbst.

# 5
# WARUM SEX IN LANGJÄHRIGEN BEZIEHUNGEN IMMER SELTENER WIRD UND WARUM DAS NICHT SO SEIN MUSS

Wie wichtig ist Sex in Beziehungen? Darüber wird sehr kontrovers gedacht. Viele glauben, es sei von entscheidender Bedeutung, wie Paare Sexualität leben. Zweifelsohne ist guter Sex – was auch immer das ist – etwas, das die meisten Menschen (zumindest die meiste Zeit ihres Lebens) als persönliches Bedürfnis anerkennen. Und Bedürfnisbefriedigung ist, wie wir gesehen haben, ein Hauptargument, warum wir Beziehungen suchen und eingehen. Andere wiederum behaupten, Sex sei überbewertet. Diese Ansicht wird durch den Umstand gestützt, dass Paare mit gut »funktionierender« Sexualität keine bessere Prognose haben als jene, auf die das nicht zutrifft. Tatsächlich gibt es nicht wenige gute Paarbeziehungen, in der die Partner gar keinen Sex mehr miteinander haben. Ich kann das aus meiner Praxis bestätigen. Ein Paar, das sich an mich gewandt hat, führt eine außerordentlich gute Ehe – mit Kindern, voll körperlicher Intimität, Kommunikation und tiefer Freundschaft. Aber ohne Sex. Denn er ist homosexuell, sie heterosexuell. Wenn dieses Paar nicht die sonstigen Möglichkeiten der Innigkeit nutzte, würde vielleicht nichts übrig bleiben. Das dürfte ihr persönliches Beziehungsgeheimnis sein.

Es ist eine Tatsache, dass eine Beziehung viele Bedürfnisse befriedigen sollte, nicht nur die sexuellen. Wissenschaftliche Studien zeigen, dass tiefe Freundschaft der goldene Schlüssel zu einer stabilen Partnerschaft ist. Und nicht der Sex. Allerdings kann man gerade in dieser Hinsicht nicht verallgemeinern: Der Sex spielt in manchen Partnerschaften eine zentrale Rolle, in anderen wieder nicht. Sexualität ist so ziemlich das Privateste, was man sich vorstellen kann, vergleichbar nur mit spirituellen Vorstellungen. In unserer heutigen Zeit, in der die Pornografie eine klare Vorgabe bietet, wie Sex auszuschauen hat, ist das auf den ersten Blick erstaunlich. Aber das Sexualleben eines Menschen ist von mannigfaltigen Aspekten bestimmt, Prägungsangeboten sozusagen, von denen man sich nur äußerst schwer emanzipieren kann: Vorbilder, die neurohormonelle Disposition, Familienerfahrungen, kulturelle Hemmungen, traumatisch anmutende Triggererfahrungen und vieles, vieles mehr.

*Das Wesen der Erotik ist die Erfahrung*
*des faszinierenden Andersseins.*

Also, im Allgemeinen ist Freundschaft in Beziehungen wichtiger als Sex und je länger eine Beziehung dauert und je tiefer die Freundschaft wird, desto mehr nimmt gewöhnlich die Frequenz und wohl auch die Qualität der sexuellen Begegnungen ab. Das ist für viele Menschen kein Problem, für andere aber ein Schatten über ihrem Leben. Mitunter fühlen sie sich vom Sex in die Falle gelockt – und dann ist plötzlich Fastenzeit.

Sexualität wird hauptsächlich als biologischer Trieb erlebt, ist jedoch eine von vielen Möglichkeiten, Bindungssicherheit zu erlangen. Sie ist, wie ich zu sagen pflege, eine Kommunikationsmöglichkeit. Vor allem Menschen, die Bindung hauptsächlich durch gelebte Sexualität erfahren, sind durch mangelnde

Sexualität in ihrem Leben in der Regel auf nachhaltige Weise gekränkt. Sex ist immer psychologischer, als wir glauben.

Der US-amerikanische Paar- und Sexualtherapeut David Schnarch hat sich mit der Frage, warum der Sex in längerfristigen Beziehungen manchmal eine ungünstige Entwicklung nimmt, intensiv beschäftigt. Sexualität erlebt in solchen Beziehungen nicht selten ein Fade-out. Schnarch ist zu dem Schluss gekommen, dass die sogenannte Entdifferenzierung in länger dauernden Paarbeziehungen eine große Rolle spielt. Was ist mit Entdifferenzierung gemeint?

Wenn man einen erotisch faszinierenden Menschen kennenlernt, verliebt man sich in ihn als Weltwunder. Dieser Mensch ist einfach anders, anziehend anders. Das ist das Wesen der erotischen Anziehung: Sie ist unbeschreiblich weiblich, er ist unbeschreiblich männlich.

Doch im Laufe einer Beziehung kommt es oft zu einer lähmenden Institutionalisierung der Partnerschaft. Man wird sich vertraut. Das Zauberhafte versickert. Obwohl die meisten Menschen Vertrautheit als ein besonders positives Merkmal einstufen, ist es in meinen Augen das Schlimmste, was einem in einer Paarbeziehung passieren kann. Denn Vertrautheit in Beziehungen ist immer eine Fiktion. Sie bedeutet, dass man glaubt zu wissen, wie der andere ist. Und das ist ein Irrtum. Der andere, der Mensch an unserer Seite ist immer ein Wunder, das es zu bestaunen gilt. Wir können ein Leben lang von ihr oder ihm lernen – wenn wir wollen.

Partnerschaften, in denen sich die Betroffenen nicht einlassen können, sind mitunter sehr stabil: In solchen Partnerschaften kann die Falle der übergroßen Vertrautheit nicht zuschnappen. Ich kenne ein Paar, das sich schon seit Jahren trennen will. Er ist total fasziniert von dieser Frau, obwohl sie eine Art von Oberflächlichkeit besitzt, die schmerzlich ist. Was ihn wirklich anzieht, und das versteht er nicht, ist die Tatsache, dass sie gelernt hat mit anderen Menschen so zu spielen, dass diese sich ihrer nie sicher sein können. Sie ist anderen gegenüber sehr verbindlich, wirkt geradezu sehnsüchtig; das ist eine Verheißung, der sich dieser Mann nicht entziehen kann. Aber all das ist bloß ein Spiel, mit dem sie ihre Bindungsbedürfnisse auf Kosten anderer befriedigt. Das Spiel funktioniert: Die Partner bleiben einander so fremd, dass es keine Probleme mit der Sexualität gibt. Beide sind jederzeit bereit für geilen Sex miteinander. Sie reden nicht miteinander, beschimpfen sich, verlassen den anderen auf fast ritualisierte Weise, aber sie begehren einander.

*Sex ist immer psychologischer,*
*als wir glauben.*

Natürlich ist es nicht empfehlenswert, das auf diese Weise zu tun. Es wäre schön, einander vertraut sein zu können, ohne das Begehren zu verlieren. Tatsächlich ist es so, dass sich die meisten Paare auf ungünstige Weise zu nahe stehen. Das führt gemeinhin zu einem Mangel an Sehnsucht. Denn was man vermeintlich hat, ersehnt man nicht mehr.

Dabei ist es günstig, sich zu ersehnen. Die Sehnsucht ist nicht nur der Hinweis auf etwas, das einem fehlt, sondern auch ein Zeichen unmittelbarer Nähe: Wir sind jemandem niemals so nahe, als wenn wir ihn ersehnen. Wenn ein Paar sich sehr liebt und durch räumliche Distanz schmerzlich getrennt ist, dann tut das furchtbar weh. Wenn es nicht wehtut, ist einem die Nähe nicht wichtig. Bekommt das Paar dann die Möglichkeit zusammenzuziehen, sind beide vorerst überglücklich. Mit der Zeit gewöhnen sie sich allerdings aneinander und es kommt zur Institutionalisierung der Beziehung.

Die Sehnsucht ist also ein Zeichen von Nähe, obwohl der durch sie ausgelöste Schmerz das Gegenteil zu signalisieren scheint. Genau spiegelverkehrt verhält es sich mit der Vertrautheit. Sie suggeriert Nähe, führt aber zu einer Entfremdung, der man sich gewöhnlich nicht bewusst ist.

Ja, das ist die eigentliche Gefahr der Vertrautheit: dass man sich verliert, dass man einander fremd wird, dass man das Interesse am anderen verliert. Der Grund, warum man seinen Partner in einer langfristigen Beziehung nicht mehr begehrt, ist kein anderer, als dass man ihm zu nahegekommen ist.

# 6
# WARUM MAN SICH NICHT NUR DESHALB VON SEINEM PARTNER TRENNEN SOLLTE, WEIL DIE BEZIEHUNG SCHLECHT IST

Die Verliebtheit ist eine Verheißung, die nicht eintritt. Amerikanische Forscher haben die Verliebtheit untersucht. Zu diesem Zweck gaben sie Zeitungsinserate auf, um frisch verliebte Pärchen zu rekrutieren. Es meldeten sich an die hundert. Von diesen wählten sie etwa dreißig aus, die sie in psychologischen Untersuchungen als die verliebtesten identifiziert hatten. Diese Versuchsteilnehmer wurden mittels einer Magnetresonanztomografie auf ihre Hirnaktivität hin untersucht: Es zeigte sich, dass sie ein Muster aufwiesen, das man von jenen Menschen kennt, die Kokain geschnupft haben.

Diese Untersuchung beweist eines: Die Verliebtheit ist ein Rausch. Ein Rausch ist definitionsgemäß eine Ekstase, ein Zustand, in dem man außer sich ist. In diesem Fall handelt es sich um eine extreme Aktivierung des sogenannten Belohnungssystems im Gehirn, das wiederum zur Unterdrückung des Aversionssystems führt. Das Belohnungssystem motiviert uns, während uns das Aversionssystem etwas vermeiden lässt. Daher ist mit Menschen, die verliebt sind, nicht normal zu sprechen.

Wenn ein Freund, mit dem man immer tiefsinnige Gespräche geführt hat, gerade verliebt ist, kennt er nur ein Thema. Er wird oberflächlich, da er psychisch verengt ist (vielleicht könnte man es sogar psychotisch nennen). Erzählt man ihm, dass eine Person, die er immer gern gehabt hat, gestorben sei, reagiert er bloß mit einem an teilnahmslosen »Ah so« und spricht dann weiter von der einzigen Angelegenheit, die ihn momentan berührt. Verliebtheit wird als tiefes Gefühl erlebt und führt doch zu einer maximalen Oberflächlichkeit der Persönlichkeit.

Es gibt eine zentrale Angelegenheit in Beziehungen, die ich schon einmal erwähnt habe: Wir alle haben eigentlich ein bisschen Angst voreinander. Denn um einander zu begegnen, müssen wir uns gegenseitig öffnen. Das führt dazu, dass wir in der sehnsüchtigen Hinwendung verletzlich sind und sicher auch verletzt werden. Diese Erfahrung führt bei uns allen zu einer Nähe-Distanz-Ambivalenz, die eine der wesentlichen Ursachen von Beziehungsproblemen ist. Ich möchte meinem Partner nahe sein und gleichzeitig fürchte ich, gerade in der Nähe verletzt zu werden. Dieser Beziehungstango (vor, zurück, Wiegeschritt!) lässt sich in zahlreichen Beziehungen in der einen oder anderen Form beobachten.

*Eine Partnerschaft ist kein Wellness-Wochenende, sondern eine Lebenserfahrung von Geborgenheit und Entwicklung.*

Das Zauberhafte an den Verliebtheitsphasen unseres Lebens ist, dass wir in ihnen – und nur in ihnen – der Zwiespältigkeit, die unser Leben schwierig und kompliziert macht, entkommen. Die Verliebtheit ist die einfache Zeit im Leben. Nach einiger Zeit wird es dann schwierig. Wenn die Verliebtheit nachlässt, fällt einem nämlich erst auf, dass der andere nicht im Einklang mit einem selbst funktioniert. Die Symbiosephase, so lautet der

Fachausdruck für die Zeit der Verliebtheit, ist vorüber. Es folgt die Phase der Differenzierung. Hier sind Selbstbehauptung und Streit angesagt. Man ist erschrocken, dass man plötzlich nicht mehr das projizierte Idealbild vor sich hat, sondern dass der andere sich als weitgehend fremdes Gegenüber entpuppt. So gesehen ist jeder Mensch, in den man jemals verliebt war, eine Mogelpackung. Entsprechend sind wir in der Regel tief enttäuscht, wenn die Symbiosephase zu Ende ist. Von einer Beziehung erwarten wir das Paradies auf Erden; wir haben uns in den anderen verliebt, um endlich all unsere Bedürfnisse erfüllt zu bekommen. Die Evolution (oder war es der liebe Gott?) hat die Verliebtheit vorgesehen, um Paarbeziehungen, die ja letztlich der Erhaltung der Art dienen, einen gehörigen Anschub zu geben. Es ist so ähnlich wie beim Fliegen: Man erreicht sehr schnell eine beeindruckende Höhe, und wenn man oben ist, kann man sich schon gehörig vor der Höhe fürchten.

In der Phase der Differenzierung wird viel gestritten; man wirft dem Partner vor, nicht so zu sein, wie man ihn sich vorgestellt hat. Das ist ungerecht. Denn der andere hat sich gar nicht verstellt, er war immer der, der er ist. Man versucht in dieser Situation zu retten, was zu retten ist, und den anderen so umzumodeln, dass er dem eigenen Idealbild entspricht. Es ist ein ewiger Machtkampf, an dem viele Beziehungen früher oder später zerbrechen.

Das ist schade, denn die Differenzierungsphase ist wesentlich wertvoller und schöner als die Symbiosephase. Das Leiden an der Beziehung ist nichts anderes als ein Wachstumsschmerz. Es ist beileibe kein Grund, die Beziehung infrage zu stellen. Wir werden nie wachsen, wenn uns das Leben nicht fordert. Beziehungen sind Herausforderungen. Manchmal setzen wir uns durch, bei den Dingen, die uns ganz wichtig sind, dann wieder geben wir nach. Dehnen ist ein anderes Wort für nachgeben. Es gibt in der Tat nichts Wichtigeres im Leben, als zu lernen nachzugeben. Das klingt nach so wenig, ist aber viel. Denn Nachgeben ist der goldene Weg zur Freiheit.

Wenn wir nachgeben, uns dehnen, dann erleben wir, dass das Leben auch ganz anders verlaufen kann, als wir es uns vorgestellt haben – und dass es trotzdem in Ordnung ist. Wir brauchen nicht bis zum Umfallen um ein bestimmtes Leben zu kämpfen. Wir sollten uns lieber mit der Kreativität in unserem Leben beschäftigen. Im Dehnen wird unser Leben neu, dürfen wir uns neu erfinden. So gesehen ist unsere Partnerin, unser Partner immer ein Guru für uns. In Indien sind Gurus Menschen, die uns als Lehrer auf eine höhere Bewusstseinsebene heben, oder besser gesagt uns zeigen, wie uns das selbst gelingt.

*Es gibt im Leben nichts Wichtigeres, als zu lernen nachzugeben.*

Viele glauben, eine Partnerschaft sei ein Wellness-Wochenende. Nein, eine Partnerschaft ist eine Lebenserfahrung, in der wir Geborgenheit und Entwicklung erfahren sollen, mit Betonung auf dem »und«. Beziehungen sind eine unmittelbare Fortsetzung unserer Kindheit. Auch diese dient der Erfahrung des Urvertrauens und der persönlichen Reifung. Kommt das zu kurz, leidet unsere Beziehungsfähigkeit. Kommt es später zu Beziehungen, stehen diese im Dienste der Nachreifung, denn Liebesbeziehungen eignen sich sehr für Nachreifungen. Sie sind durch die Liebe abgeschirmt und können daher besonders viel Entwicklungsschmerz ertragen.

In Analogie zu den indischen Gurus darf man sich also fragen, was man in einer Beziehung zu lernen hat, wohin man sich dehnen darf. Der Schmerz, den man dabei durchlebt, ist vergleichbar mit dem Schmerz, den ein Tänzer aushalten muss, um das Repertoire an Bewegungen zu erweitern, die er für seinen

Tanz braucht. Dann kann er letztlich alles tanzen. Und genau darum geht es auch in unserem Leben: alles leben zu können. Dann sind wir frei.

Daher sollte man seine Partnerin oder seinen Partner nicht verlassen, nur weil die Beziehung schlecht ist. Man sollte die Lektion lernen. Ist dies geschehen und man merkt, dass der andere lieblos ist, dann sollte man allerdings gehen. Lieblos ist einer, der nicht mit dem Herzen antwortet. Denn man darf keinesfalls aus Angst, aus Rationalisierung oder aus anderen Gründen im eigenen Leben ein totes Pferd reiten! Das ist unwürdig und lächerlich.

# 7
# WARUM IN PARTNERSCHAFTEN GERADE DIE LIEBE ZUEINANDER EINE GROSSE HERAUSFORDERUNG DARSTELLT

Wenn eine Frau in jungen Jahren einen Mann gefunden hat, von dem sie glaubt, er sei der richtige, um gemeinsam durchs Leben zu gehen, neigt sie gewöhnlich dazu, für diesen Mann alles zu tun. Sie passt sich den Wünschen des Mannes an, nur damit er das Paradies auf Erden hat. Das tut sie aus Liebe. Leider übersehen Frauen, die so handeln, häufig ihre eigenen Bedürfnisse. Es liegt ihnen sehr daran, dass die Beziehung gelingt.

Die Wissenschaft hat sich gefragt, warum die weibliche Sexualität bei der Spezies Mensch ohne eigene Brunftzeiten eigentlich immer möglich ist. Die Antwort lautet, dass die weibliche Sexualität evolutionsbiologisch sehr stark darauf ausgerichtet ist, das begehrte Sexualobjekt zu erobern und an sich zu binden. So konnte eine chinesische Studie zeigen, dass Gefährtinnen von Männern umso häufiger einen Orgasmus haben, desto begüterter der Partner ist.

Für Frauen ist es nicht leicht, in ihrem Wunsch nach Bindung den Kontakt mit sich selbst zu halten. Immer wieder kommt es vor, dass sie sich von sich selbst entfremden. Das ist nicht gut, obwohl die Motivation erstaunlicherweise so etwas wie Liebe ist. In der Regel können die Frauen nicht anders.

(Neuere Forschungen haben mehrfach gezeigt, dass die weiblichen Hormone, vor allem das Östrogen, vor der Menopause diese Verhaltensmuster begünstigen.)

Aber auch Männer sind mitunter von solchen Vorgängen der Überanpassung betroffen. Milan Kundera, der tschechische Autor, hat einen interessanten Stil: Er erzählt eine Geschichte, und kommentiert sie dann selbst. Einmal schreibt er, nachdem er einen jungen Mann geschildert hat, der seiner frischgebackenen Freundin das Frühstück ans Bett bringt, als Kommentar, der junge Mann möge aufpassen. Denn wenn eine Geliebte erst einmal daran gewöhnt sei, das Frühstück ans Bett serviert zu bekommen, werde das zur neuen Normalität und künftig eingefordert. Sollte es dann einmal nicht geschehen, werde ein Sturm der Frustration und Empörung über den Verwöhner hereinbrechen.

Das Problematische daran ist nicht die Anpassung an das Gegenüber. In einer Partnerschaft ist es nicht nur wichtig, sondern auch notwendig, den Wünschen des anderen zu entsprechen, auch wenn es nicht die eigenen sind. Jedoch muss es Gegenseitigkeit geben, genau wie die Definition eigener roter Linien. Das gilt selbstverständlich für Frauen und für Männer. Indem wir uns auf diese Weise verschenken, beschenken wir uns magischerweise selbst.

*Die Liebe verführt uns zu einer kritiklosen Hingabe, in der wir uns selbst übersehen.*

Das Problem ist die Überanpassung: Wenn der eine Partner – häufiger ist es die Partnerin – sich selbst in der Hingabe verliert und auf diese Weise dem anderen die Notwendigkeit der Hingabe erspart. Beziehung heißt: geben und nehmen.

Ich verwende zuweilen die Metapher des Brückenbaus für Beziehungen. Manche bauen eine Brücke vom eigenen Ufer bis zum Ufer des anderen. Sie erwarten nicht, dass der andere seine Brücke baut, denn es gibt ja die eigene Brücke. Das spiegelt die unbewusste Entfremdung, die oben beschrieben wurde. Manche bauen eine Brücke bis zur Mitte des Flusses und erwarten halbe-halbe. Eine Beziehung funktioniert aber nicht mit halbe-halbe, sondern nur mit ganz-ganz. Jeder der beiden muss hundert Prozent der Verantwortung übernehmen, ansonsten wird eine Beziehung zur Rechenübung.

## *Erst wenn ich mich selbst liebe, mache ich die Liebe zu meinem Partner wertvoll.*

So gesehen ist die Liebe, die Wertschätzung der eigenen Person überhaupt die Grundlage für die konstruktive Liebe zum Partner. Lieben ist ein dialektischer Prozess: Ich mache die Liebe zum Partner erst dadurch wertvoll, indem ich mich liebe. Sonst entwerte ich mich und dadurch mein Gegenüber, indem ich ihn oder sie zwar liebe, aber ohne die Kraft und die Energie der Selbstliebe.

Wenn man das Gesetz des Gebens und Nehmens nicht beachtet und aus Liebe mehr gibt, als man hat (das ist der Fall, wenn in der Liebe zum anderen die Selbstliebe zu kurz kommt), nimmt das Gegenüber an, dieses Verhalten wäre im eigenen Sinne. Er oder sie hält das für selbstverständlich. Irgendwann, nach vielen Jahren, wird es aber dem Gebenden zu viel und er beschuldigt den anderen, der von alldem nichts geahnt hat, an der Selbstentäußerung schuld zu sein. Aus Liebe wird tiefe Abneigung, eine Form von Hass. Nicht selten ist das erste Anzeichen, dass man die Körperlichkeit des anderen nicht mehr in seiner Nähe erträgt. Plötzlich oder schleichend ekelt es einen vor dem anderen.

So scheitern Beziehungen sehr häufig an einer falsch verstandenen, zu großen Liebe zueinander. Die Liebe verführt uns zu einer kritiklosen Hingabe, in der wir uns selbst übersehen. Doch wenn wir einen anderen Menschen dauerhaft lieben wollen, dürfen wir keinesfalls das Wesentlichste vergessen, nämlich mit uns selbst innig verbunden zu bleiben. Daher sollten wir in Beziehungen immer uns selbst und den anderen im Blick behalten.

# 8

# WARUM MAN SICH AUCH IN DEN INNIGSTEN LIEBESBEZIEHUNGEN UNBEDINGT VORSTELLEN KÖNNEN MUSS, OHNE DEN ANDEREN ZU LEBEN

Warum suchen wir uns einen Partner? Wir erwarten, wichtige existenzielle Bedürfnisse stillen zu können. In früheren Zeiten war der Lebenskampf zweifellos so hart, dass es günstig und sogar notwendig war, Teil einer Familie zu sein. In der jetzigen Zeit ist es manchmal nach wie vor günstig, aber so klar ist die Sache scheinbar doch nicht. Sonst gäbe es hierzulande nicht so viele Singles. In Entwicklungsländern kommen die Menschen nicht auf die Idee allein zu leben. Immerhin ist laut der wissenschaftlichen Glücksforschung soziale Bindung einer der Hauptfaktoren, um im Leben glücklich zu werden. Das gilt interessanterweise überall auf der Welt, nicht nur in den ärmeren Ländern.

Zweifellos führen enge soziale Bindungen, wie man sie in Partnerschaften und Familien lebt, nicht immer zu einem glücklichen Leben, sondern können auch der goldene Weg in das persönliche Unglück sein. Wie viele von uns leiden an zerstörerischen Familiensystemen! 85 Prozent der Morde passieren im engeren Beziehungsfeld. Es scheint gefährlicher zu sein, eine Liebesbeziehung zu führen, als in der Nacht in einem Vorort von Rio de Janeiro allein spazieren zu gehen (das ist zugegeben ein wenig überspitzt formuliert).

Doch es tut in der Regel einfach gut, wenn man heimkommt und es wartet jemand auf einen. Auch ist es angenehmer, wenn man nicht allein in den Urlaub fahren muss. Es ist einfach schön, jemanden zu haben, der zu uns gehört, für den wir sorgen können oder der sich um uns kümmert. Bedürfnisse führen zu Partnerschaften. Bedürftigkeit verhindert sie. Man ist bedürftig, wenn man sich ein Leben ohne den anderen nicht vorstellen kann. Wenn wir einen anderen Menschen lieben, dann ist es normal, dass wir uns nicht vorstellen *wollen*, ohne ihn zu sein. Das ist ein natürlicher Ausdruck unserer Verbundenheit. Doch wenn wir – vermeintlich – nicht ohne den anderen sein können, weist das darauf hin, dass wir in der Beziehung die Erfüllung frühkindlicher Frustrationen suchen. Zurückgestoßen zu werden ist für ein Kleinkind existenzgefährdend. Das ist die Grundlage von Bedürftigkeit.

*Bedürfnisse führen zu Partnerschaften,*
*Bedürftigkeit verhindert sie.*

Menschen, die bedürftig sind, sind klebrig. Niemand mag das, Klebrigkeit ist abstoßend. Im tiefsten Inneren möchten wir immer frei bleiben. Da können wir nichts brauchen, das an uns klebt. Daher ist ein Mensch, der bedürftig ist, selten erfolgreich bei der Partnerwahl. Das wird allerdings kaum berücksichtigt, wenn man analysiert, warum der eine kein Problem hat, jemanden zu finden, der andere aber durchaus.

Ich muss dabei an einen etwa sechzigjährigen Unternehmer denken, ein Gentleman, fesch, sportlich, großzügig. Er kann nicht verstehen, warum er keine attraktive Frau findet, die mit ihm ihr Leben teilen möchte. Einladen lassen sich die Frauen und Sex haben sie auch mit ihm, doch letztlich bleiben sie lieber allein, als der infantilen Bedürftigkeit dieses Kleinkindes in

Mannesgestalt genügen zu müssen. Selbst wenn sie sich seine Bedürftigkeit nicht bewusst vergegenwärtigen: Sie spüren sie und alles in ihnen sträubt sich dagegen. So bleibt er allein, bis er lernt, allein sein zu können, ohne Einsamkeit. Wenn ihm das gelänge, würde sich plötzlich eine fantastische Lebenspartnerin finden. »Was für ein unerwartetes Glück«, würde er sagen. Wir alle sehnen uns nach einem Ja zu unserer Person. Das Ja ist eine existenzielle Bestätigung, die wir auch dann gebrauchen können, wenn wir durch unsere bisherigen Lebenserfahrungen viel Ja gespeichert haben. Gleich der Feldmaus Frederick in dem berühmten Kinderbuch, die die Sonnenstrahlen für den langen kalten Winter sammelt. Genauso ist es mit den Jas der Kindheit und Jugend, die wir dann vorrätig haben (sollten), wenn das Leben Nein zu uns sagt.

*Wir werden für den anderen erst sichtbar,*
*wenn wir uns verletzlich zeigen.*

Nichtsdestotrotz sollten wir immer für eine Zufuhr von neuem Ja sorgen. Denn das Ja gibt uns jene Sicherheit, die uns vor der Lebensangst bewahrt. Die Lebensangst ist die Mutter aller Ängste. Wenn Menschen sich mit verschiedensten Ängsten im Leben herumplagen, lassen sich diese letztlich immer auf ein zu schwaches Fundament zurückzuführen. Man nennt diesen Boden, auf dem wir alle stehen, Urvertrauen.

Wir können Leben schenken, indem wir den anderen bejahen. Es gibt kein größeres Geschenk, das wir uns gegenseitig machen können, als dieses. Das sollten wir nie vergessen. Die Kunst, Ja zu sagen, ist allerdings an die Möglichkeit des Nein gebunden. Ein Ja zu einem Menschen ist nichts wert, wenn man nicht theoretisch und auch praktisch Nein sagen kann. Das Ja entfaltet seine Kraft, indem es Menschen frei macht. Der bedürftige Mensch ist nicht frei. Er verwechselt Liebe mit Abhängigkeit. Er glaubt irrtümlicherweise in abhängigen Beziehungen zu lieben und geliebt zu werden. Die durch frühe Verletzungen bedingte Brüchigkeit ist typisch für uns alle. Dieses Weh gehört zu unserem Menschsein, ist so etwas wie das Signum. Frühe Verletzungen sind aber in einer Paarbeziehung nicht zu heilen. Selbst wenn wir sie in einer Therapie in unser Selbst integrieren können, werden sie spürbar bleiben. Sie sind Schmerzen, die nicht vollkommen vergehen sollen. Denn die unheilbaren Aspekte unserer Persönlichkeit sind die offenen Wunden, die uns antreiben, die uns für die Spiritualität öffnen, die uns kreativ sein lassen. Sie sind das Allheilmittel gegen Stumpfheit im Leben.

Letztlich ist die frühe Verletzung also das Markenzeichen von uns als Menschen. Mein Freund Hermann, Bischof und Künstler, hat mich einmal darauf hingewiesen, dass Jesus in der biblischen Geschichte nach der Auferstehung seinen Jüngern erschienen ist, die ihn nicht erwarteten und daher nicht erkannten. Sie erkannten ihn erst, als er seine Wundmale herzeigte. So ist das bei uns auch: Wir werden für den anderen erst sichtbar, wenn wir uns verletzlich zeigen. Wie viele Paare haben mir berichtet, dass sie sich im Laufe der Jahre komplett fremd geworden waren. Als sie einander sagten, dass es aus sei, lagen sie sich weinend in den Armen und spürten sich nach ganz langer Zeit gegenseitig. »Wenn wir das bloß früher getan hätten«, sagen sie sich. Denn nicht selten sind die Verletzungen zu groß, als dass es ein Zurück geben könnte.

Das Ja ist das Wesentliche, was man sich in Paarbeziehungen geben kann und soll. Ich habe einmal eine Partnerschaft erlebt, in der mir mein Gegenüber über lange, über sehr lange Zeit Nein gesagt hat (zumindest ist es bei mir so angekommen). Was ich daraus gelernt habe, ist, dass man sich der Vernichtung durch das Nein eines Partners auch dann nicht entziehen kann, wenn man ansonsten viel Anerkennung und Zustimmung im

Leben erntet. Denn in einer Partnerschaft ist man auf Gedeih und Verderb aufeinander geworfen.

In meinem Fall war es eine schwere Kränkung, die nicht durch Handlungen meinerseits, sondern durch mein Sosein zustande gekommen war. Mein Sosein erinnerte sie an kränkende Primärerfahrungen. Ich vermittelte ihr, ohne es zu wollen, Abwertung, indem ich im äußeren Leben erfolgreich war. Sie, die Bedürftige, war so in Not, dass sie mir nicht gönnen konnte, was vermeintlich ihr gebührte. Der Hass, der sich daraus ergab, war vernichtend. Die meisten Hassgefühle resultieren erstaunlicherweise nicht aus schlechten Erfahrungen, sondern aus dem Sein des Gegenübers. Der andere ist schlicht unerträglich. Wenn er etwa durch die Art und Weise, wie er im Leben steht, einen Angriff auf das eigene Selbstwertgefühl darstellt, kann das zu Hassgefühlen führen. Hass sehnt sich nach der Auslöschung.

*Ein Ja hat nur einen Wert, wenn auch ein Nein möglich ist. Ein Nein sollte in ein grundsätzliches Ja eingebettet sein.*

Es gibt sicherlich eine »Indikation«, bei der es unbedingt ratsam ist, eine Partnerschaft zu beenden: Das ist die Situation, in der der eine für den anderen nur mehr ein Nein zur Verfügung hat. Man fragt sich nun, ob nicht in jeder Partnerschaft das Nein etwas Alltägliches ist. Sicherlich, in jeder Beziehung gibt es das Nein. Dies ist jedoch erträglich und bekömmlich, wenn es in ein grundsätzliches Ja für das Gegenüber eingebettet ist. Das merkt man daran, dass das Ja und das Nein zugewandt zum Ausdruck gebracht werden. Viele Menschen wissen nicht, dass das Nein nur dann eine Kraft hat, wenn man es zugewandt verwendet – genau wie ein Ja.

# 9

# WARUM DAS HAUPTPROBLEM AM SEX IST, DASS MAN AUS SEX EIN PROBLEM MACHT

Sex spielt eine große Rolle im Leben, aber eben nicht nur der ausgelebte. Der Sex im Kopf scheint immer relevanter als realer Sex zu sein. Ich kenne Menschen, die so gut wie nie Sex mit einem anderen Menschen haben und dennoch total sexualisiert sind, das heißt, sie denken ständig daran. Andere haben regelmäßig realen Sex und müssen trotzdem dauernd darüber reden. Wieder andere scheinen keine Beziehung zur Sexualität zu haben, sie ist quasi keine Kategorie in ihrem Leben. Sie haben sich gleichsam von dieser Dimension des Seins abgewendet. Aber auch Abwendung kostet Energie. Es ist vergleichbar mit der Situation, einen schönen Menschen nackt vorüberhuschen zu sehen – man schaut einfach hin (das ist das Grundprinzip von »Sex sells«).

Sex bindet oder spaltet, egal ob er auf Dauer aktiv gelebt wird oder nicht. Diese Eigenschaft von Sexualität erfahren viele Menschen am eigenen Leibe. Wenn man als junge Frau oder als junger Mann zu einem anderen Menschen eine erotische Anziehung spürt, ergibt es sich früher oder später, dass man gemeinsam im Bett landet. Nach dieser Erfahrung ist die Beziehung nicht mehr das, was sie vorher war. Die gelebte Sexualität ist wie ein Brennglas, das die Beziehung zu dem macht, was sie ist. Nach der sexuellen Begegnung weiß man, ob man zusammengehört oder eben nicht. Man schlägt durch den Sex in der Realität einer Beziehung auf. Sexualität ist eine der wichtigsten Metaphern einer Beziehung. Das ist auch das Dilemma in Affären. Hat man einmal den Schritt von der Erotik zum Sex gewagt, kommt man möglicherweise aus der Nummer (gemeint ist die Beziehung) nicht mehr heraus. Eventuell war das gar nicht die Absicht. Doch die Bindung fesselt.

Ich kenne Paare, die seit Jahren keinen Sex miteinander haben. Sie streiten darüber. Der eine Partner will es, der andere nicht. Sowohl der Streit und das Begehren des einen Partners als auch das Vermeiden des anderen halten das Paar zusammen. Zählen solche Beziehungen nicht auch zu denjenigen, in denen Sex wichtig ist, obwohl das Paar eine scheinbar asexuelle Beziehung lebt? Die Paarbeziehung ist in Fällen wie diesen jedenfalls vollkommen sexualisiert.

*Sexualität bewegt sich zwischen Sehnsucht nach Nähe und Angst vor Verletzung.*

Die sexuelle Anziehung unterliegt bestimmten Triggern. Paul Watzlawick liebte schöne Frauenbeine. Ein Freund von mir ist von weiblichen Brüsten fasziniert. Ein homosexueller Freund von mir liebt die brutale Männlichkeit, repräsentiert durch den heiligen Phallus. Wir entkommen unseren Mustern wahrscheinlich nicht. Die Sexualität ist dem Wesen nach fetischistisch. Um das zu verstehen, muss man verstehen, wie sexuelle Perversion entsteht. In Wahrheit ist jede Sexualität pervers (zumindest ein wenig), um die Angst vor Nähe zu überwinden. Ein Taxifahrer hat mir einmal erzählt, dass er folgende Art von Sexualität präferiert: Er hockt oder liegt unter dem Bügeltisch der Frau, die bügeln muss und dabei Strapse anhat, dabei masturbiert er. Das ist für ihn die größte Erfüllung. Das archaische Erlebnis hatte er als Zehnjähriger, als er seiner Tante in dieser Situation begegnete.

An diesem Beispiel kann man sehr gut sehen, wie es zu einer perversen Einengung der Sexualität kommt. Um das nachvollziehen zu können, muss man wissen, dass die Sexualität ein Phänomen ist, das sich – wie jede unserer kommunikative Funktionen – zwischen Sehnsucht nach Nähe und Erfüllung einerseits und Angst vor Verletzung andererseits bewegt. Der Mensch kann ohne Nähe nicht leben. Denn in der Nähe bekommt er Nahrung, die er zum Überleben braucht: physische Nahrung in Form von Berührung, aber auch mentale Nahrung wie emotionale Zuwendung und geistige Information. Um all das zu erhalten, müssen wir anderen Menschen nahekommen. Aber in der Nähe ist es gefährlich, wir könnten verletzt werden. Aufgrund dieses existenziellen Umstands sind wir immer ambivalent, wenn wir uns auf Nähe einlassen müssen, um unsere Bedürfnisse zu stillen. Sexualität ist demnach mit dem Verhalten eines Raubtiers vergleichbar, das immer in Gefahr ist, selbst auf der Strecke zu bleiben, wenn es damit beschäftigt ist, für seine eigene Existenz zu sorgen.

## Die ganzheitliche Erfahrung des Sex ist etwas Besonderes. Aber mehr auch nicht.

Die bestimmte Erregung, eine Mischung aus Sehnsucht und Angst, führt zu einer Einengung, die eine emotionale Erinnerung triggert, die uns mit einem bestimmten sexuellen Gusto quasi vermählt. Das ist der Grund, warum sich bestimmte Menschen kaum der vollkommenen Erfüllung ihrer sexuellen Prägung entziehen können. Unlängst erlebte ich wieder, dass ein Mann, der in Richtung BDSM geprägt ist, der Einladung einer Partnerschaft mit einer diese Vorlieben teilenden Dame nicht entsagen konnte, obwohl er dafür seine Frau und seine zwei geliebten kleinen Kinder verlassen musste. Die Erfahrung des ganz Passenden ist im Leben so zwingend, dass man es kaum übergehen kann. Das gilt nicht nur für die Sexualität. Esoterische Menschen sprechen diesbezüglich von Seelenfreundschaft. Was mit einer Begegnung in früheren Leben oder Sonstigem begründet wird, sind in Wahrheit unsere Prägungen durch die Gen-Umwelt-Interaktion (die genetische Anlage wird durch Umwelterfahrungen aktiviert und so zu unserer »Natur«).

Manche Menschen sind geradezu sexsüchtig. Sie können ohne Sex nicht leben. Dadurch sind sie abhängig, Sex macht sie unfrei. Sie glauben aber, dass Sex befreit. Welch eine Verwechslung! Meine Erfahrung ist jedoch, dass es solchen Menschen gar nicht um Sex geht. Allen Sexsüchtigen geht es nicht um Sex. Es geht ihnen immer um etwas anderes.

Einer nymphomanischen Frau, die täglich mindestens drei Mal Sex braucht, geht es eigentlich um Geborgenheit (wissenschaftlich ist erwiesen, dass Nymphomanie die Erhöhung des »Liebeshormons« Oxytocin im Fokus hat). Sie verwechselt Sexualität mit Geborgenheit. Ein Mann, der als Don Juan durch die Welt taumelt, will sich selbst unablässig beweisen, seine fundamentale Selbstunsicherheit endlich in den Griff bekommen. Leider funktioniert das so nicht.

Was ist Sexualität? Sie ist eine Möglichkeit, dem anderen zu begegnen. Jede Begegnung ist ein kreativer Akt. Sie verändert. Die Körperlichkeit erzeugt ein ganzheitliches Gefühl, das wir in rein geistigen Begegnungen nicht haben können. Daher ist Sex etwas ganz Besonderes. Aber mehr auch nicht. Beim Sex gibt es alle die Dinge, die es in anderen Begegnungen auch gibt – Monologe, Missbrauch, Langeweile, Ängste. Es geht darum, sich dem anderen so hinzugeben, dass man sich selbst vergisst. Nur in der Selbstvergessenheit ist eine Begegnung schön. Selbstvergessenheit ist ein anderes Wort für Glück. Dann hat die Begegnung wirklich Sinn. Denn wenn man sich in diesem Sinne selbst verloren hat, findet man sich im eigentlichen Sinne – und zwar nur dann. Das ist schwierig zu verstehen, doch es ist so.

Sex hat nur Sinn, wenn man sich hingibt. Viele glauben, sie müssten auf sich aufpassen. Aber je mehr man auf sich aufpasst, desto mehr verliert man sich, zumindest bei Sex. Zum Auf-sich-Aufpassen gehört der Egoismus und der ist der Hauptfeind von erfüllter Sexualität.

Schließlich müssen wir noch auf etwas zu sprechen kommen, das vielleicht das Wichtigste ist: Sexualität bestimmt die Welt – und wird trotzdem überbewertet. Viele Menschen beschäftigen sich ein Leben lang mit dem Management ihrer Sexualität und kommen dennoch – oder gerade deshalb – nie zu dem, worum es eigentlich geht.

Über den indischen Weisen Jiddu Krishnamurti gibt es diesbezüglich eine amüsante Geschichte. Er hielt in 1960er-Jahren in London einen Vortrag und anschließend konnte man Fragen stellen. Ein Mann meldete sich zu Wort:»Herr Krishnamurti, ich lebe aus religiösen Gründen seit zwanzig Jahren zölibatär. Ich habe das Gefühl, das ergibt jetzt keinen Sinn mehr. Soll ich wieder mit dem Sex beginnen oder es sein lassen?« Der weise Mann antwortete:»Lassen Sie es sein oder beginnen Sie wieder damit, aber machen Sie daraus kein Problem.«

Es ist lächerlich, aus der eigenen Sexualität ein Problem zu machen. Denn man lebt sie immer, so oder so. Es geht bloß darum, ob wir dem anderen begegnen können. Wenn nicht, wird es seine Gründe haben, wenn ja, auch. Wenn wir die Botschaft der eigenen Sexualität annehmen, wird sie immer stimmig sein und uns Orientierung bieten. Wenn nicht, haben wir ein Problem, noch dazu ein unlösbares.

# 10
# WARUM MÄNNER IN LANGJÄHRIGEN PAARBEZIEHUNGEN RÜLPSEN UND FURZEN

Es ist erstaunlich, wie sehr sich Männer – ja, hauptsächlich sind es Männer – in langjährigen Beziehungen gehen lassen. Die Wissenschaft hat festgestellt, dass sie nach der Heirat etwa ein Kilo pro Jahr zunehmen, was nach dreißig Jahren satte dreißig Kilogramm ergibt. (Andererseits, welche Beziehung erreicht schon dieses hehre Alter?!)

Wenn man eine Partnerin erobern will, zeigt man sich von seiner besten Seite. Es fällt einem leicht, lieb gewonnene Gewohnheiten sein zu lassen, nur um der Angebeteten zu gefallen. Doch mit der Zeit wird alles anders. Je fixer die Beziehung ist, desto stärker wird die Neigung, sich gehen zu lassen.

So ist es eine Tatsache, dass Männer mit der Zeit im häuslichen Rahmen rülpsen und im Trainingsanzug den Sonntagnachmittag mit Fernsehsport verbringend gerne furzen. Das machen sie auch im Ehebett, dann stinkt es unter der gemeinsamen Decke. Diese Verhaltensweise ist wenig sexy. Aber manchen Frauen scheint das erstaunlich wenig auszumachen, ich weiß nicht, warum.

Einmal hatte ich ein Paar in Behandlung, bei dem ich nach einiger Zeit dahinterkam, dass der Mann nur einmal in der Woche duschte. Die Frau wusste das natürlich und fand das zu meinem Erstaunen okay. Die beiden hatten auf alle Fälle öfter Sex miteinander, als er sich wusch. Was es alles gibt!

Ich habe mich mit der Frage beschäftigt, warum wir uns Fremden gegenüber deutlich anständiger und verlässlicher verhalten als uns nahestehenden Personen gegenüber. Nun, die Antwort ist ganz einfach: Die Fremden sind frei, Konsequenzen zu ziehen, wenn ihnen unser Verhalten nicht passt, während Menschen, die emotional an uns gebunden sind, nicht so leicht entkommen können. (Das ist charakterlich sehr mies, wenn man es genau betrachtet.)

Aber am schlimmsten wirkt dieser Mechanismus in Bezug auf uns selbst. Wir müssen es nämlich mit uns selbst bis zum bitteren Ende aushalten. Daher scheren wir uns diesbezüglich am wenigsten. Wir muten uns ohne Konsequenzen alles und jedes zu und sind so für uns selbst eine Zumutung.

## *Partnerschaften schränken unsere Persönlichkeitsrechte ein.*

Wenn wir eine Partnerschaft beginnen, sind wir gewöhnlich vorerst fasziniert vom Anderssein des anderen. Doch im Laufe der Zeit vollzieht sich ein Identifikationsprozess: Der andere wird uns so zur Gewohnheit, dass wir ihn als Teil des Eigenen erleben. Ich vergleiche diesen Prozess gern mit der Anschaffung eines neuen Möbelstücks. Wenn man in eine Wohnung einzieht und keine Couch hat, leistet man sich vielleicht eine neue. Eine Ledercouch kann sehr teuer sein, vor allem wenn sie ein Designerstück ist. Wird sie dann endlich geliefert, ist man sehr glücklich und stolz. Man setzt sich bei jeder Gelegenheit hin, lädt Freunde ein, um ihnen das gute Stück zu zeigen (Probesitzen nennt man das). Mit der Zeit aber vergisst man die Couch. Sie ist einfach da, ein Teil des eigenen Kosmos. Man wird nachlässig, vielleicht hinterlässt man unschöne Kaffeeflecken auf dem Polster ...

Genauso benehmen sich viele – wie gesagt insbesondere Männer – in fixen Beziehungen. Sie geben sich dermaßen entspannt, dass die Partnerin sich fragen muss, ob sie überhaupt noch als Mensch, geschweige denn als Frau wahrgenommen wird. Interessanterweise nutzen Appelle an eine Verhaltensänderung kaum. Denn ein Appell kann nur dann eine Wirkung entfalten, wenn auf die Nichtbefolgung Konsequenzen zu befürchten sind. Die Männer fühlen sich jedoch so sicher, dass sie bei entsprechenden Hinweisen nicht einmal mit der Wimper zucken. Es ist wie in einem klassischen Drama. Man ahnt, ja man weiß, wie es ausgehen wird, kann aber nicht eingreifen.

Erst wenn die Beziehung offenkundig bedroht ist, da die Frau ein entfremdendes Verhalten an den Tag legt, wird das, was vorher undenkbar war, Wirklichkeit: Der Mann muss plötzlich nicht mehr furzen, es drückt nicht mehr im Gedärm, er rülpst nicht mehr, nimmt Gewicht ab und pflegt den eigenen Körper. Doch wenn die Frau, der jahrelangen Bemühungen müde, mit der Beziehung bereits abgeschlossen hat, nutzt alles nichts mehr.

Das Sichdanebenbenehmen in engen Partnerschaften ist ein Zeichen der Vertrautheit, die gleichsam eine Entfremdung bedeutet. Wenn man einen anderen als zu sehr zu sich gehörig fühlt, gleichsam als Teil von einem selbst, dann mutet man dem anderen alles zu, ohne Wenn und Aber. Denn zu große Nähe zu einem Menschen führt zu einer Auflösung des Dus, es gibt nur Ich. Insofern ist die Erfahrung, die man als Betroffener in solchen Beziehungen macht, ganz richtig: Man wird ausradiert. Man wird für den anderen durch seine fehlende Wahrnehmung gleichsam unsichtbar.

Natürlich lassen sich auch Frauen (in etwas anderer Quantität und Qualität) in Beziehungen gehen. Manche wollen sich nicht verändern, weil sie – so das Argument – nicht das (Lust-) Objekt des Mannes sein wollen. Manche haben, warum auch immer, Angst vor der eigenen Attraktivität. In der Regel ändern sich Frauen nicht mehr in der »alten« Beziehung, sondern erst nachher. Oder sie ändern sich, wenn sie sich anderweitig orientiert haben und eine geheime Außenbeziehung führen. Derjenige, der sich in einer langjährigen Beziehung gehen lässt, ist tatsächlich in einer Situation, in der er sich allein wähnt. Das geht aber nicht. Denn Partnerschaften schränken unsere Persönlichkeitsrechte ein. Wir müssen aufeinander Rücksicht nehmen, genauso, als wenn wir Kinder haben, ein Haustier oder einen Garten mit Pool.

## Selbstverwirklichung basiert auf der Begegnung mit einem anderen.

Viele Menschen wollen oder können nicht partnerschaftlich leben, sondern suchen sich nur deshalb einen Partner, um sich das *eigene* Leben zu erleichtern. Das ist schade. Denn es gibt keine schönere Selbstverwirklichung, als für andere da zu sein. Wir finden uns nämlich nur in Begegnung mit der Welt. Das ist das große Missverständnis in Bezug auf die Selbstverwirklichung: dass man sich zu diesem Behuf sich selbst zuwenden müsse. Selbstverwirklichung realisiert sich vielmehr in der Begegnung mit dem Du. Selbstverwirklichung bedeutet das eigene Selbst Wirklichkeit werden zu lassen. Das geschieht auf vielfältige Weise, aber immer steckt ein Begegnungsprozess dahinter. Wenn ich dieses Buch schreibe, ist das sicherlich eine Art von Selbstverwirklichung. Aber es ist auch ein Leiden, nicht nur angenehm und nicht nur für mich gedacht, sondern in erster Linie für andere, die etwas damit anfangen mögen. Das wäre schön.

# 11
# WARUM ES FÜR MÄNNER SO SCHWER IST, FRAUEN ZU VERSTEHEN, UND UMGEKEHRT

Die Wissenschaft zeigt, dass es psychologisch gesehen kaum Unterschiede zwischen Frauen und Männern gibt. Das bedeutet allerdings nicht, dass alle wahrgenommenen Unterschiede zwangsläufig Kulturartefakte sind.

Warum die meisten von uns trotzdem vermeinen, einen Unterschied wahrzunehmen, liegt zum einen daran, dass wir für unsere inneren Zustände immer einen Grund brauchen. Wir müssen, könnte man sagen, alles auf etwas zurückführen. Wir sind kausalitätssüchtig. So entstehen im Leben des Einzelnen und auch im Leben von Gesellschaften Märchen und Sagen, die als Realität angesehen werden. Wir finden es tröstlich und schenken dem Glauben, wenn wir etwas künstlich konstruieren, das die Ursache von Erlebens- und Verhaltensweisen ist, gerade wenn sich die Ursache nicht unmittelbar erschließt (eine Art Luftgriff, der nirgends festgemacht ist, und uns die Fiktion eines Halts vermittelt).

Der Grund für diese absurde Eigenschaft des Menschen liegt darin, dass er darauf erpicht ist, immer alles irgendwie im Griff zu haben. Die Psychologen sprechen diesbezüglich von einem Grundbedürfnis nach Kontrollüberzeugungen. In der Tat haben wir in unserem Leben nichts im Griff. Alles ist Geschenk. Doch die Einsicht in die Ausgesetztheit der menschlichen Existenz ertragen nur die Wenigsten.

Der andere Grund beruht auf dem Wesen der menschlichen Wahrnehmung als solcher. Der Anthropologe Gregory Bateson spricht vom Unterschied, der die Unterschiede macht. Einen schwarzen Hund sieht man in der vollkommenen Finsternis nicht. Eine kleine Kerze kommt uns in tiefdunkler Nacht wie ein helles Licht vor; wenn man an einem helllichten Sommertag eine Kerze anzündet, macht sie jedoch keinen Unterschied. So kommt uns mitunter unser Partner erstaunlich anders, vielleicht sogar fremd vor. Es scheint mir wichtig, nie zu vergessen, dass der manchmal erlebte Widerspruch zwischen Partnern eine Schimäre meines Gehirns ist und das alles nicht ganz so ist, wie man es wahrnimmt. Die Wahrheit liegt immer jenseits der Wahrnehmung. Das betrifft nicht nur das Bild, das wir vom anderen Geschlecht haben, sondern auch uns selbst. Die ultimative Wirklichkeit ist immer eine spirituelle Wirklichkeit. Was uns selbst anbelangt, sollten wir uns nicht zu schnell glauben, dass wir uns verstehen. Ich bin jetzt schon einige Jahrzehnte auf der Welt und konnte unlängst wieder eindrucksvoll eine Seite von mir kennenlernen, die mir bisher verborgen war.

Wir sollten also die Unterschiede zwischen den Geschlechtern nicht zu wichtig nehmen. Nicht zuletzt dienen sie als Grundlage eines diskriminierenden Rassismus und Sexismus im Sinne des Patriarchats (und heute wohl auch im Sinne des Antipatriarchats, wenn auch entschieden seltener).

Ungeachtet dessen erlebt man im Alltag Unterschiede zwischen den Geschlechtern. Viele Menschen behaupten, dass man als Frau Männer nicht verstehen könne und umgekehrt. Darüber gibt es zahllose, meist geschmacklose Witze. Dennoch ist es nicht von der Hand zu weisen, dass die Geschlechter eine unterschiedliche psychoemotionale Sprache sprechen. Dies ergibt sich einerseits aus der höheren emotionalen Begabung der Frau. Daher drücken Frauen das ihnen Wichtige eher implizit aus, während Männer dazu neigen, explizit zu sprechen. In der medizinischen Psychologie gibt es entsprechende Forschungsergebnisse, die zeigen, dass sich Ärzte, aber auch Ärztinnen, beim Dechiffrieren der von einer durchschnittlichen Patientin geschilderten Symptome schwerer tun als bei männlichen Patienten. Das bedeutet, die Ärztinnen und Ärzte brauchen etwas länger, um zu verstehen, was für Beschwerden die Patientin hat. Sie brauchen etwas mehr Geduld, um aus ihrer Beschreibung des Leidens schlau zu werden.

Das ist allerdings nur eine Tendenz. Es gibt natürlich auch Frauen, die sich angewöhnt haben, die für Männer typische Sprache zu verwenden. Das lässt sich bei Frauen beobachten, die sich in einem männlich dominierten Berufsumfeld bewähren müssen, oder bei jenen, die in ihrer Kindheit mit dem Vater identifiziert waren (und entsprechend mit der Mutter gegenidentifiziert).

*Frauen und Männer sprechen eine unterschiedliche psychoemotionale Sprache.*

Sprechen ist an bestimmte Hirnfunktionen gebunden. Das Gehirn ist ein Sozialorgan. Es verstoffwechselt Informationen, im Unterschied zum Darm, der Nahrung verstoffwechselt. Im Darm wird die Nahrung in das Eigene umgewandelt. Wenn ich ein Ratatouille esse, ist dieses im Wesentlichen nach einigen Stunden ich selbst (ich habe die Moleküle aufgespalten und zu meinem Körper gemacht). Ähnlich kann man es sich mit dem Gehirn vorstellen. Was ich in mich aufnehme, wird zu meinen Gedanken, zu meinen Gefühlen und schließlich zu meinen Vorstellungen, Meinungen und Werten. Mit ihnen kommuniziere ich schließlich wieder mit der Welt. Es ist ein Kreislauf, ein unendliches Geben und Nehmen.

Nun ist die Art und Weise, wie Frauen und Männer ihr Gehirn gebrauchen, fast gleich, aber doch ein wenig anders. Der

Grund dürfte in einer evolutionsbiologisch bedingten Differenzierung der Geschlechter liegen. Frauen haben durch ihre besondere Fürsorge für den Nachwuchs ein besonderes Interesse daran, dass dieser gute Bedingungen vorfindet. Die Empfindung von Liebe ist mit einer Ausschüttung des »Liebeshormons« Oxytocin verbunden. Aber auch das Gefühl des Neids ist gleichermaßen mit erhöhten Oxytocinspiegeln verbunden. Wie geht das zusammen? Der Neid ist in einer kollektiven Gesellschaft nicht so sehr ein individueller Neid, sondern einer, der die Mitglieder der Gesellschaft betrifft, zu der man sich zugehörig fühlt. Das betrifft in erster Linie die Kinder. Daher war der Neid ursprünglich eine Nebenwirkung der Liebe. Heute ist das meistens natürlich nicht mehr der Fall, vielmehr bezieht er sich in der Regel auf das Individuum.

Die Identifikation der Frauen mit ihrem Nachwuchs führt evolutionsbiologisch (zumindest entsprechend bestimmten Theorien) dazu, dass sie, auch wenn es nicht um ihre Kinder geht, eine integrative Sicht auf die Welt haben. Denn sie sind darauf abgestimmt, dass alles, was für die Kinder gut ist, bejaht wird, und umgekehrt. Männer neigen dazu, die Welt eher differenziert zu betrachten. Wenn sie einen Freund haben, der gescheit ist, und daher von ihnen bewundert wird, wird in diesem Moment quasi vergessen, dass er weder seinen Freunden noch seinen Frauen treu sein kann. Frauen würden einen solchen Mann wohl eher ablehnen, da sie – wie gesagt – gewöhnlich eine integrative Sicht auf die Welt haben.

Frauen sind, das kann man mit Fug und Recht sagen, fürsorglicher als Männer. Aus dieser Perspektive beobachten sie stets ihre Welt. Männer haben diese Eigenschaft im Allgemeinen nicht in diesem Ausmaß. Daher denken Männer nicht kontinuierlich, sondern eher anlassbezogen (das betrifft ihr bewusstes Denken, unbewusst denken sie sehr wohl kontinuierlich). Frauen haben demgegenüber eher einen ununterbrochenen Denkfluss, dessen sie sich auch bewusst sind.

Es gibt unter den Männern Frauenversteher. Sie begreifen, dass Frauen nur einen Teil ihrer inneren Kommunikation zum Besten geben. Die Kunst des Frauenverstehens besteht darin, von weiblichen Aussagen auf das Ganze schließen zu können. Umgekehrt sind die Männerversteherinnen unter den Frauen imstande, die Kommunikation der Männer in ihrer verkürzten »Banalität« anzuerkennen.

Wenn ein Mann eine Frau verstehen will, muss er um Gottes willen nicht davon ausgehen, dass sie nur das meint, was sie sagt, sondern liebevoll das rekonstruieren, was sie nicht gesagt hat. Und Frauen sollten im Umgang mit Männern nicht davon ausgehen, dass die Männer mehr meinen, als sie sagen. Oft meinen sie nicht einmal das, was ihnen versehentlich über die Lippen gekommen ist.

# 12

## WARUM SICH PAARE GERADE DURCH IHRE GEMEINSAMKEITEN ENTFREMDEN KÖNNEN

Die sozialpsychologische Wissenschaft hat festgestellt, dass das Sprichwort stimmt: Gleich und Gleich gesellt sich gern! Tatsächlich funktionieren Beziehungen, in denen beide aus dem gleichen Kulturkreis stammen, vielleicht sogar aus derselben gesellschaftlichen Schicht, besser als solche, bei denen das nicht der Fall ist. Das erkennt man an den niedrigeren Trennungs- und Scheidungsraten. Bei diesen Paaren ist ein guter Teil der Moralvorstellungen und der Wertewelt außer Streit gestellt. Was ein nicht zu vernachlässigender Startvorteil ist.

Ähnliches gilt – rein äußerlich – für Hunde, die ihren Besitzern oft verblüffend ähneln. Man ist geneigt zu glauben, dass sich die Hunde und ihre Frauchen und Herrchen im Laufe der Zeit einander angleichen. Aber wir wissen heute, dass sich die stolzen Hundehalter überzufällig oft einen Hund aussuchen, der ihnen ähnelt. Sie erkennen sich im Hund und finden sich schön. Mitunter kommt es dann vor, dass der Hundebesitzer im Hund so deutlich wird, dass er quasi mit seiner eigenen Karikatur spazieren geht.

Aber auch bei Paaren fällt auf, dass sie nicht selten wie Brüderchen und Schwesterchen aussehen. Entsprechende wissenschaftliche Untersuchungen (man glaubt es kaum, womit sich die Wissenschaft alles beschäftigt) zeigen, dass wir uns überdurchschnittlich häufig einen Partner aussuchen, der uns so weit wie möglich gleicht. Wir finden uns offenbar selbst am schönsten und suchen uns jemanden, der uns ähnelt, wenn wir uns schon nicht selbst heiraten können (in Kanada geht das!). Trotzdem ist jede Partnerschaft ein transkulturelles Experiment. Denn es treffen alternative Denk- und Fühlweisen sowie unterschiedliche Wertevorstellungen aufeinander. Die Überbrückung der Unterschiede erweist sich als Herausforderung. Man muss sich aufeinander zubewegen, wenn man eine Paarbeziehung zum Blühen bringen will. Das bedeutet, dass man sich in die Schuhe des anderen stellen muss, um zu lernen, die Welt aus seiner Perspektive zu betrachten. Es geht darum, sich für den Partner zu interessieren. Das ist das ganze Geheimnis. Am Anfang einer Partnerschaft ist das nicht schwer. Man hört zu, man ist fasziniert. Doch dann, nach einer gewissen Zeit, glaubt man ohnehin zu wissen, was der oder die andere zu erzählen weiß. Man schaltet unbewusst ab.

In Wahrheit ist das das Ende der Beziehung. Ohne Interesse an der anderen Person gibt es keine Beziehung zwischen Menschen. Doch das fällt einem oft nicht auf. Denn die Gewohnheit simuliert etwas, das gar nicht mehr vorhanden ist: Intimität. Intimität ist viel mehr, als sich körperlich nahezukommen. Sie ist jener Zustand, in dem man dem anderen stets nahe ist. Mit jemandem intim zu sein heißt, ihn in Reichweite zu wissen (das ist noch untertrieben: es bedeutet, metaphorisch gesehen, sich unentwegt zu berühren). In wie vielen scheinbar intakten Beziehungen können die Partner das voneinander behaupten?

Eine funktionierende Partnerschaft drückt sich also als Interesse am anderen aus. Das führt zum Interesse an seinen Lebenswelten. Wenn sich mein Partner für zeitgenössische Kunst interessiert und ich ihn liebe, beginne ich ebenfalls, mich dafür zu interessieren. Wenn meine Partnerin gern Sport treibt, werde auch ich damit beginnen. In einer Liebesbeziehung beginnt man, die eigene Welt mit dem anderen zu teilen. So wächst man zusammen. Man wächst zusammen und erzeugt in der realen

Welt ein Symbol für die spirituelle Wirklichkeit der Liebe, nämlich dass man bereits eins ist.

Man kann in länger andauernden Partnerschaften sehr genau sehen, ob das gelungen ist oder nicht. In denen, in denen das nicht gelungen ist, sind die Partner der Lebenswelt des anderen noch fremder geworden als vorher. Im Gegensatz dazu entwickelt sich im Falle einer gelungenen Beziehung eine gemeinsame Welt, die den Partnern eine neue Heimat ist.

### *Wenn man nicht um die gemeinsame Lebenswelt ringen muss, droht man, einander zu verlieren.*

Wenn die Lebenswelt von vornherein eine gemeinsame ist, ist die Partnerschaft sicherlich einfacher. Es besteht aber die Gefahr, dass man übersieht, dass man sich gar nicht mehr füreinander interessiert. Denn das natürliche Ergebnis des liebenden Interesses aneinander, die gemeinsame Lebenswelt, ist ohnehin gegeben. So lebt man mitunter in scheinbar vertrauter Harmonie und übersieht, dass man einander verloren hat.

Eine Bekannte hat mir unlängst eine solche Geschichte erzählt. Sie lebte mit ihrem Mann in einer sehr gelungenen Beziehung. Beide passten sehr gut zusammen. Zwei Kinder, Sex okay, keine materiellen Sorgen. Die Frau, wegen der ihr Mann sie verließ, war weder schöner noch sonst wie attraktiver als sie. Warum also kam es zum Bruch?

Ihr Mann und sie verstanden sich zu gut. Sie hatten es nicht nötig, um die gemeinsame Lebenswelt zu ringen. So verloren sie sich, ohne es zu merken. Ohne eine gemeinsame Lebenswelt ist das Herz unbehaust. Und wenn das Herz keine Heimat hat, beginnt es sich nach einer Heimat zu sehnen. Findet es dann jemanden, bei dem es landen kann, ist die Sache gelaufen. Ich bin sicher, dass sich dieser Mann mit der neuen Partnerin nicht »verbessert« hat im Vergleich zu seiner ehemaligen Frau. Aber die neue Frau war für ihn spürbar. Wenn man füreinander da sein will, muss man einander spüren. Man spürt sich nur, wenn man sich gegenübersteht. Diese Dimension ist nicht so angenehm, aber die Grundlage für Kreativität und Wachstum in einer Beziehung. Eine Beziehung ohne Wachstum ist bald tot. Verwaltung ist in Beziehungen ein Risikoverhalten. Deshalb sollte sich jedes Paar fragen: Wachsen wir noch oder verwalten wir bloß unsere Beziehung?

# 13
# WARUM ES FÜR MANCHE MENSCHEN IN JEDEM LEBENSALTER KINDERLEICHT IST, EINEN NEUEN ATTRAKTIVEN PARTNER ZU FINDEN

Heutzutage hat sich die Partnersuche durch das Internet stark verändert. Man kommt leichter zu einem Partner, aber nicht ganz so leicht zu einer Beziehung, in der der andere mit einem durch dick und dünn geht. Es scheint, als ob die Verbindlichkeit abnähme. Das würde durchaus Sinn ergeben: Je verfügbarerer ein Gut, desto weniger wertvoll ist es. Auf der anderen Seite ist es durchaus positiv, dass man heute mehr Unabhängigkeit hat und nicht auf Gedeih und Verderb einem Partner ausgeliefert ist. Das gilt vor allem für die Frauen, die ja im Besonderen die Leidtragenden in einer patriarchalischen gesellschaftlichen Machtstruktur waren und zum Teil noch sind.

Die Partnersuche im Internet legt allerdings offen, welch bedeutende Rolle die eigenen Bedürfnisse dabei spielen. Es ist wie bei allem, was wir im Internet bestellen: Wir wägen ab, wir vergleichen, wir schätzen ein. So wird der andere schon vor dem ersten Kontakt zum Objekt gemacht.

Das hat wiederum Vor- und Nachteile. Ein Vorteil besteht darin, dass die Sache heutzutage nüchterner angelegt zu sein scheint. Implizite Erwartungen spielen offenbar eine geringere Rolle. Diese Erwartungen sind unbewusst und können mit der Zeit katastrophale Auswirkungen auf eine Beziehung haben. Denn die Frustration, die aus den enttäuschten Erwartungen folgt, ist dem Frustrierten und seinem Partner nicht wirklich zugänglich. So schiebt sich wie magisch ein Keil zwischen die beiden, der die Beziehung ernsthaft gefährdet beziehungsweise ihr Ende bedeutet. Die geringeren Erwartungen sind also vermutlich ein Vorteil der Partnersuche im Internet, obwohl wir nicht sicher sein können, dass es wirklich so nüchtern abläuft, wie wir uns das vorstellen. Der Nachteil ist, dass das Ego den Partner aussucht und nicht das »Weisheitsselbst«. Es ist nämlich ein Faktum, dass wir selbst meist nicht wirklich wissen, was uns guttut. Jedenfalls kann ich das mit Fug und Recht von mir behaupten, wenn ich auf meine Lebensgeschichte zurückblicke. Die Checkliste spiegelt selten das Zauberhafte. Das Zauberhafte in Beziehungen hat mit dem Unerwarteten zu tun. Der andere als Wunder, die Magie der Begegnung. Das Magische ist das Wertvollste an Beziehungen. Sich die Magie zu erhalten: Dafür lohnt es sich, viel – wenn nicht alles – zu geben.

## Warum wollen sich ältere Menschen überhaupt noch eine Beziehung antun?

Ab einem gewissen Alter helfen aber manchmal nicht einmal mehr Internet und Co, um einen Partner zu finden. Denn man hat immer höhere Ansprüche, die man seinerseits für andere nicht zu erfüllen imstande ist. Ein Freund von mir, seit Längerem Single wider Willen, lästert immer wieder über eine Dame, die er im Grunde gern erobern möchte (sie interessiert sich absolut null für ihn), weil sie eine gewisse Fülligkeit aufweist. Dabei ist er selbst mit beträchtlicher Leibesfülle gesegnet.

Dann wieder gibt es Menschen, denen es in jedem Alter gelingt, einen Partner zu finden. Wie schaffen sie das, während andere quasi am vollen Tisch verhungern? Um diese Frage zu beantworten, muss man zunächst fragen, warum sich ältere Menschen überhaupt eine Beziehung antun wollen. Immerhin stellt eine Beziehung eine Verpflichtung, zumindest eine Verantwortung dar. Nun, Beziehungen verheißen einen Ausweg aus der eigenen Einsamkeit, die für viele verständlicherweise schwer zu ertragen ist. Aber vor allem erwarten sie von Beziehungen ein Ja zu sich, eine positive Verstärkung in Bezug auf die eigene Existenz (an der wir alle stets zweifeln, ohne es zu wissen).

*Viele Menschen sind ambivalent.*
*Sie wollen ein Gegenüber finden – und*
*wollen es auch wieder nicht.*

Viele finden niemanden, weil sie zwar sehnsüchtig sind, aber eigentlich die Autonomie schätzen. Wir vermissen immer das, was wir nicht haben, und unterschätzen den Wert dessen, worüber wir verfügen. Eine Frau, die ich kenne, lebt in einer On-off-Beziehung mit einem Herrn, der sie leidenschaftlich liebt. Sie ist diejenige, die die Beziehung immer wieder beendet und dann beschließt, sie wieder zu beginnen. Was ich sagen möchte, ist: Viele Menschen finden deshalb keinen Partner, weil sie, ohne dass es ihnen bewusst ist, der Angelegenheit im Grunde ihres Herzens ambivalent gegenüberstehen. Sie wollen ein Gegenüber finden – und wollen es auch wieder nicht.

Aber von der Ambivalenz einmal abgesehen: Was zeichnet diejenigen aus, die keine Probleme haben, einen Partner zu finden? Nun, es gibt Menschen, die durch ihre pure Anwesenheit für andere ein Ja bedeuten. Sie sind ein Lebendigkeitsangebot für ihre gesamte Umgebung, erfüllen ihre Mitmenschen mit Freude, allein durch ihr Sein. Solche Menschen bleiben nie übrig. Sie brauchen gar nicht sonderlich schön zu sein, auch nicht reich, künstlerisch erfolgreich oder sonst irgendetwas, was interessant sein könnte. Nein, sie brauchen keinerlei Selbstmarketing, es genügt gleichsam das Produkt.

Ich denke an eine Bekannte von mir, die nun schon eine Zeit lang verheiratet ist. Mittlerweile ist sie über sechzig Jahre alt. Sie hat mir einmal die Geschichte ihres Lebens erzählt. Nie hat sie einen Mann wegen eines anderen verlassen, nie ist sie selbst verlassen worden. Es gab immer andere Gründe: Einmal hatte man sich auseinandergelebt, ein anderes Mal entäußerte sich der Mann auf der Suche nach Materiellem. Doch zu keiner Zeit war sie länger als einen Monat allein, wiewohl sie nie nach einem neuen Mann suchte. Vielmehr hatte sie sich immer auf ein Leben allein eingestellt, zumindest für einige Zeit. Aber dazu war es nie gekommen.

*Manche Menschen sind durch ihre pure Anwesenheit ein Ja für andere und erfüllen sie mit Freude.*

Diese Dame ist ein durch und durch positiver Mensch. Sie lässt sich nicht durch ihre Ängste steuern (die sie natürlich auch hat, wie jeder Mensch). Sie ist zuversichtlich und optimistisch, und auf diese Weise mitreißend, um nicht zu sagen begeisternd. Zudem ist sie nicht aufdringlich, wie es manche Menschen mit einem demonstrativen, histrionischen Charakter sind.

Wenn man sich also nach einem Partner sehnt, kann man sich heute im Internet umsehen. Man kann auch auf andere Weise Ausschau halten, das ist auf alle Fälle einen Versuch wert. Gleichzeitig wäre es nicht wirklich nachteilig, sich zu fragen, ob und wie man für andere ein Gewinn sein könnte. Solcherart an sich zu arbeiten ist sicherlich der goldene Weg zu einer Partnerschaft in einem Lebensabschnitt, in dem einem die partnerschaftlichen Angebote nicht (mehr) wie Schneeflocken in einem Wintersturm zufliegen.

In sich den Herzensraum für einen anderen Menschen zu öffnen, ist noch immer die beste Methode, um andere einzuladen, im eigenen Leben Gastfreunde zu sein. Die Einsamkeit ist kein Schicksal, denn sie endet, wenn wir ernsthaft bereit sind, anderen ihre Einsamkeit zu ersparen.

# 14

# WARUM MAN ALS SINGLE UND IN EINER PAARBEZIEHUNG GLEICH VIELE PROBLEME HAT, NUR ANDERE

Unlängst erzählte mir eine Dame von dem Urlaubsverhalten in ihrer Beziehung. Ihren Partner zieht es in die Berge und zwar in die immer gleichen, zugegebenermaßen schönen Hotels. Das findet sie ein wenig langweilig, sie möchte mal etwas anderes erleben. Andererseits liegen ihr Urlaube mit Freundinnen nicht unbedingt: Das könne sie immer noch machen, wenn ihr nichts anderes übrig bliebe! Und allein wegzufahren bereitet ihr Unbehagen (sie fühlt sich in diesem Fall irgendwie wie eine Versagerin). Auf mein vorsichtiges Nachfragen bestätigte sie, dass sie im Grunde Angst vor Einsamkeit hätte.

Beziehungen sind sowohl Erweiterungen des eigenen Lebensspektrums als auch Einschränkungen desselben. Wenn man eine Beziehung führt, wird man immer irgendwie kontrolliert oder kommentiert. Das fühlt sich manchmal etwas entwürdigend an. Andererseits ist zum Beispiel das Großziehen von Kindern als Paar deutlich leichter als für Alleinerziehende. Auch an Feiertagen, vor allem zu Weihnachten, ist es zauberhaft, eine Familie zu haben. Und wenn man sich schwach und krank fühlt, ist es von Vorteil, einen Menschen neben sich zu haben.

Jeder ertappt sich dann und wann, das haben zu wollen, worauf er gerade verzichten muss. Darüber haben wir schon einmal gesprochen. Ist man in einer Paarbeziehung, sehnt man sich vielleicht danach, einmal allein zu sein, wünscht sich etwas mehr Unabhängigkeit. Ist man Single, sehnt man sich nach jemandem, der zu einem gehört.

Verheiratete Männer glauben, dass ihre Single-Freunde mehr Sex haben als sie selbst. Denn sie werden mit (meist angeberischen) Erzählungen konfrontiert, die dazu führen, dass ihnen selbst dann quasi das Wasser im Mund zusammenläuft, wenn sie eigentlich eine treue Seele sind. Untersuchungen berichten allerdings, dass verheiratete Menschen im Durchschnitt mehr Sex haben als Singles. Wahr ist, dass Singles mehr unterschiedliche intime Beziehungen pflegen als der durchschnittliche Verheiratete. Nun kann die erste sexuelle Begegnung mit einem Menschen fantastisch sein. Meist ist sie es allerdings nicht, da sich die Sexualpartner erst aneinander gewöhnen müssen. Daher haben Menschen in bewährten Beziehungen, die ihr Sexualleben im Laufe der Zeit kultiviert haben, sicherlich eine bessere Sexualität als Singles.

*Manche Menschen verstehen nicht, dass sie ohnehin am optimalen Ort in ihrem Leben angekommen sind.*

Doch Vergleichen ist sinnlos. Manche Verheiratete sind glücklich, manche sind unglücklich, genau wie Singles. Als Psychotherapeut bin ich überzufällig häufig mit Unglücklichsein konfrontiert. Denn zu mir kommen, grob gesagt, zwei Arten von Menschen: Die einen sind unglücklich, weil sie keinen Partner haben, und die anderen sind unglücklich, weil sie einen haben. (Das ist hoffnungslos überspitzt und eine rhetorische Phrase, die selbstverständlich nicht stimmt.) Es ist vergleichbar mit den Klagen über das Wetter. Mal ist es zu heiß, dann ist es zu kalt. Mal regnet es zu viel, dann zu wenig. Als junger Mann war ich einmal mehrere Monate in Indien zu einem Sozialeinsatz in einem Slum. Dort schien monatelang die Sonne. Ich werde nie vergessen, als wie schön ich das »schlechte Wetter« empfand, das mich bei meiner Rückkehr am Flughafen in Zürich empfing. Seitdem habe ich mir abgewöhnt, irgendein Wetter nicht zu genießen.

Genau darum geht es auch beim Beziehungsstatus: jeden Zustand zu genießen, egal ob er den eigenen Vorstellungen entspricht oder nicht. Das wäre ein Ausweg aus dem Unglücklichsein. Wenn man gerade Single ist, sollte man die Vorteile davon genießen; ist man in einer Partnerschaft, ebenso. Wenn wir nicht immer dorthin spähen, wo wir gerade nicht sind, hat das zudem den Vorteil, dass wir uns entspannter um eine Veränderung bemühen können. Denn was nicht unbedingt sein muss, passiert einem leichter.

Manche Menschen verstehen nicht, dass sie ohnehin am optimalen Ort in ihrem Leben angekommen sind. Ich würde sogar die Hypothese wagen, dass wir immer an einem passenden Ort sind. Das sage ich, obwohl ich mich in meinem Leben schon in vielen verzweifelten Situationen wiedergefunden habe. Viele Singles, die sich so sehr eine Partnerschaft wünschen, hätten es vielleicht in einer solchen nicht wirklich besser. Ich denke da an einige Menschen, die ich im Laufe meines Lebens kennengelernt habe. Sie wünschen sich so sehr, von ganzem Herzen, eine Partnerin beziehungsweise einen Partner, haben jedoch nachweislich eine zu geringe Kompetenz, Nein zu sagen. Wenn man sich aber nicht abgrenzen kann, ist man definitiv nicht fähig, in einer Partnerschaft zu bestehen. Es gibt nichts im Leben, wo man so sehr infrage gestellt wird wie in einer Partnerschaft. Das ist nicht leicht zu ertragen. Die Unfähigkeit, sich abzugrenzen, kann sich in einer Unfähigkeit, Nein zu sagen, oder aber, scheinbar paradox, in der Unfähigkeit, Ja zum anderen zu sagen, spiegeln. Denn der Mensch, der sich immer abgrenzen muss, handelt aus der furchtbaren Angst, sich in der Beziehung zu verlieren.

Sowohl als Single als auch in einer Partnerschaft bleibt man also selbst sein wichtigstes Gegenüber. Auch wenn man das nicht wahrhaben will. Das Wichtigste ist, dass man es mit sich selbst aushält. Dann ist die Beziehung nicht mehr so ungeheuer überlebenswichtig, dann überlastet man den anderen oder die andere nicht mehr mit den eigenen Hoffnungen, Erwartungen und Wünschen.

## *Die eigenen Vorstellungen sind der goldene Weg zum Unglücklichsein.*

Das Leben tischt uns das auf, was gerade auf dem Menü steht; es ist nie falsch, auch wenn es sich falsch anfühlen mag. In dem Leben, das wir führen, begegnen wir immer nur uns selbst – ob in einer Partnerschaft im anderen oder als Single in der Welt. Auch ist Einsamkeit kein Privileg von Singles, sondern etwas, das man mindestens ebenso intensiv in Partnerschaften erleben kann. Egal von welcher Seite man das Leben betrachtet, es glotzt einen immer nur das Gesicht des eigenen Lebens an. Lassen wir dieses Gesicht nicht glotzen. Lassen wir es liebevoll und gütig lächeln. Dann werden wir in der Lage sein zu verstehen, dass die Lebensumstände verdammt wenig dafür können, ob wir glücklich sind oder nicht.

# 15

# WARUM MITUNTER ZWEI ATTRAKTIVE PARTNER KEINEN SEX MEHR HABEN, OBWOHL SIE EINANDER VERMUTLICH NOCH BEGEHREN

Als Paartherapeut habe ich eine interessante Einsicht gewonnen: Man kann vom Sexualleben zweier verpartnerter Menschen nie eine realistische Ahnung haben, es sei denn, beide schildern es einem unabhängig voneinander. Und selbst dann bekommt man allenfalls eine Ahnung! Mir scheint, über die eigene Sexualität und die eigenen Kinder wird grundsätzlich nicht die Wahrheit gesagt (der Grund dafür ist: Sex und Kinder sind zu nah an unserer Identität).

Also nehmen wir an, zwei attraktive Partner führen nach außen hin eine gute Ehe, aber mit dem Sex klappt es nicht. Und das, obwohl sie sehr wohl Lust auf Sex haben und wahrscheinlich in früheren Zeiten ein befriedigendes Sexualleben möglich war. Der Sex ist dann gut, wenn man sich auf die alternative Energie des Partners einlassen kann. Je vertrauter die Energie ist, desto selbstverständlicher klappt es. Es kann aber auch aufregend und geil sein, in der unbekannten Welt eines anderen zu landen und dort ungeahnte Erfahrungen zu machen.

Im Laufe einer Beziehung wird jedoch gewöhnlich das Anderssein immer mehr stigmatisiert. Wir werden in lang dauernden Beziehungen von toleranten, aufgeklärten Menschen gleichsam zu Rassisten (der andere ist unmöglich, weil er anders ist). Was ist zwischen den Partnern passiert?

Eine Beziehung ist ein interpersonelles Experiment, bei dem ein Ich einem Du so nahekommt, dass es durch das Du verändert wird. Die Berührung ist der entscheidende Faktor in Beziehungen. Die Berührung in Beziehungen nennt man Begegnung. Eine Beziehung ohne Begegnung ist einseitig, etwas Theoretisches, das eigentlich gar nicht existiert.

Die Nähe, in die man sich in einer Beziehung begibt, erzeugt automatisch eine Metamorphose, eine Veränderung der Identität. Und ohne Nähe gibt es keine Beziehung. Es gehört zum Wesen einer Beziehung, dass wir uns öffnen. Diese Öffnung führt dazu, dass wir einerseits erfüllt und bereichert werden können, andererseits, dass wir verletzlich sind. Genau deswegen passieren in jeder Beziehung Verletzungen. Niemand kann so achtsam sein, dass er in einer Beziehung den anderen nie verletzt. Wir können nicht alle wunden Punkte unseres Partners kennen und auch wenn wir sie kennen würden, würden wir sie aus Versehen berühren und dem anderen dadurch wehtun.

Kurz: Man tut sich gut in Beziehungen, und man tut sich weh. Das ist ganz normal. Verletzungen sind oft Retraumatisierungen (das heißt, eine Wunde von früher wird wieder aufgerissen, was wir aber gewöhnlich nicht realisieren). Wenn ich beispielsweise von meiner Mutter in meiner Kindheit oft übersehen wurde und unter ihrer Lieblosigkeit gelitten habe, werde ich in meinen Partner die lieblose Mutter hineinprojizieren, wenn er mich einmal versehentlich übersieht. Die Unverzeihlichkeit, die sich daraus ergibt, bezieht sich nicht nur auf die Missetat des Partners, sondern auch auf die Mutter, von der ich möglicherweise gar nicht weiß, dass ich auf sie böse bin. So sind die vermeintlichen Verletzungen in Beziehungen oft kumulativ, das heißt, sie haben sich über das ganze Leben hin angesammelt und werden nun fälschlicherweise gänzlich dem Partner zugeschrieben. Es ist daher in Partnerschaften unumgänglich, einen ständigen Prozess der Klärung und der Reinigung durchzuführen. Dieser Prozess heißt Beziehungsarbeit.

Sie ist notwendig, weil wir uns, wie ich zu sagen pflege, mit uns selbst verwechseln. Das Selbst bildet sich, auf genetischer Grundlage, im Laufe der Zeit durch die Resonanzerfahrungen des Lebens aus. Es stellt Hypothesen über sich selbst und die Welt auf, die uns helfen sollen, uns in der Welt zu orientieren.

Dabei passiert es regelmäßig, dass die Hypothese, die wir entwickelt haben, selbst zum Risikofaktor wird, obwohl sie uns eigentlich sicherer im Leben machen sollte. Ein Beispiel: Wenn ein Mensch in seiner Kindheit gelernt hat, mit seinen Problemen allein fertigzuwerden, weil seine Eltern nicht sorgsam mit intimen Informationen umgegangen sind, entwickelt er die Hypothese, dass man in einem Konflikt anderen nicht trauen sollte. Das kann im Falle einer Partnerschaft dazu führen, dass er mit seinem Partner gerade dann nicht kommunizieren kann, wenn es unbedingt notwendig wäre.

*In aller Regel weiß man nicht,*
*weshalb man keinen Sex mehr hat,*
*aber entzieht sich der Konfrontation.*

Um an Beziehungen zu arbeiten, ist es wichtig, immer in Ich-Botschaften zu sprechen und keinesfalls den anderen herabzuwürdigen oder zu beschuldigen. Die Herabwürdigung und Beschuldigungen führen beim Gegenüber zu einer Verteidigungshaltung und können ein Haupthindernis sein, die Beziehung zu klären. Nur der Ausdruck des persönlichen Berührtseins kann den anderen dazu bewegen, sich auf die Privatwirklichkeit seines Partners einzustellen und von dieser auszugehen.

Ganz katastrophal ist die häufig gewählte Methode des Psychologisierens in Beziehungen. Man analysiert den anderen und deutet seine Erlebnisse und Handlungsweisen auf einer psychologischen Metaebene. Damit macht man ihn zum Objekt der eigenen Weltsicht und wertet ihn ab. Psychologisieren ist diagnostizieren. Und jede Diagnose ist ein Akt gewalttätiger Kommunikation – mit Ausnahme der Diagnostik im streng strukturierten klinischen Bereich. Klärungen in Beziehungen sind ein mühsamer emotionaler Akt. Sie sind risikobehaftet, denn sie bedeuten, dass man einer Krise ins Auge blickt. Das wollen viele Paare nicht riskieren und verzichten paradoxerweise auf Klärungen, um die Beziehung zu schützen. Leider destabilisieren sie ihre Beziehung ungewollt und unbewusst genau dadurch, dass sie den Kopf in den Sand stecken, auf nachhaltige Weise. Vor allem Männer haben gewöhnlich »null Bock« auf Beziehungsgespräche. Denn mitunter (Ausnahmen bestätigen die Regel) erleben sie sich auf dem Feld der Emotionen als den Frauen gegenüber unterlegen, und das macht gelinde gesagt wenig Spaß.

Das Konfliktmaterial ist nichts anderes als eine Kränkung des Egos. So häuft sich in einer durchschnittlichen Partnerschaft Kränkung um Kränkung und mit der Zeit entsteht ein regelrechter »Misthaufen«, der so stinkt, dass man sich lieber abwenden würde. Gegen die Abwendung spricht, dass man einander vielleicht doch gernhat, dass man vielleicht miteinander Kinder bekommen hat, dass die sozialen Kontakte an der Partnerschaft hängen, dass man finanziell aneinander gekettet ist und noch vieles andere mehr.

Man kann davon ausgehen, dass eine Liebesbeziehung vier Diskursebenen umfasst. Das heißt, sie kennt vier Ebenen, auf denen man kommunizieren und miteinander in Kontakt treten kann. Ohne dass die Reihenfolge die Wichtigkeit beschreibt, wären da die Ebene der Körperlichkeit inklusive der Sexualität, die Ebene der Emotionalität (also der gegenseitigen emotionalen Beantwortung), die Ebene des geistigen Austausches und schließlich die spirituelle Ebene, womit jener besondere Bereich gemeint ist, in dem man die Magie des Gemeinsamen in der Beziehung erahnt und im Idealfall spüren kann.

Der Umgang mit einem Konflikt kann sich auf einer oder mehreren dieser Diskursebenen abspielen. Wenn also der Kränkungsmüllhaufen nicht immer schön brav beseitigt wird, wird er mit der Zeit so groß, dass man sich immer weniger imstande sieht, ihn zu beseitigen. Das ist dann die Sollbruchstelle der Beziehung. Die meisten Partner neigen in einer solchen Situation zu Kompromissbildungen, um die Beziehung doch noch irgendwie aufrechtzuerhalten und zugleich ihrer eigenen Kränkung Ausdruck zu verleihen.

## Die Lieblosigkeit ist eine Verweigerung von Verbundenheit.

Manche reden dann nicht mehr miteinander, verweigern also den geistigen Austausch, ohne wirklich zu wissen, warum. Nicht selten sagen mir Menschen: »Ich kenne keinen in meinem Umfeld, mit dem ich so schlecht reden kann wie mit meinem Mann (beziehungsweise meiner Frau).« Das ist doch erstaunlich: Dass der Mensch, der einem am nächsten steht, am wenigsten fähig sein soll, mit einem zu sprechen! Und doch ist es glaubhaft. Ich habe eine ähnliche Erfahrung einmal selbst gemacht. Zwei gesprächsfähige Menschen sprechen nicht miteinander, sondern schweigen sich an. Aber sie sprechen nicht deshalb nicht miteinander, weil sie grundsätzlich nicht dialogfähig sind, sondern weil sie es gerade mit diesem einen Menschen nicht können. Interessanterweise wissen die Partner gewöhnlich gar nicht, dass sie aus Kränkung nicht miteinander sprechen können, sondern sie erleben nur, dass sie nicht mehr miteinander sprechen.

In anderen Partnerschaften wiederum wird aus den gleichen Gründen der emotionale Diskurs verweigert. Emotionale

Beantwortung heißt, dass man bereit ist, sich einer Emotion nicht zu entziehen. Es geht um mitschwingen, sich berühren lassen, Mitgefühl und Mitleid. Es geht aber vor allem um die gemeinsame Freude. Die Verweigerung der gemeinsamen Freude ist eine häufig vorkommende Gewalttätigkeit in Beziehungen, die viel Schmerz bereiten kann. Ich benenne das auch so: Man macht keine Genussräume auf. Genussräume sind in Beziehungen Begegnungsstätten. Beispielsweise geht ein Paar in einer Vollmondnacht spazieren und die Frau sagt zum Mann: »Schau, wie faszinierend schön der Mond ist.« Und der sich verweigernde Mann entgegnet: »Ja, wie alle vier Wochen.« Diese Lieblosigkeit ist eine Verweigerung von Verbundenheit, ein anderes Mittel, um der Kränkung Ausdruck zu verleihen. Wahrscheinlich würde der Mann keinem anderen Menschen auf der Welt so offen lieblos begegnen wie seiner Frau.

Mitunter drückt sich die Kränkung auch durch eine Verweigerung von Sexualität aus, die allmählich oder plötzlich zwischen den Partnern nicht mehr möglich ist. Vielleicht sind Ekelgefühle im Spiel oder aber das Paar versteht theoretisch schon, dass man sich noch attraktiv finden könnte, aber es geht einfach nicht. Es entsteht eine innere Hemmung, die immer mehr zur Gewohnheit wird. Der Vorteil einer Hemmung der Sexualität als Ausdruck einer nicht bearbeiteten Kränkung ist möglicherweise, dass Reden und vielleicht sogar die emotionale Beantwortung noch möglich sind und die Partner im Sinne einer Kompromissbildung noch zusammenbleiben können. Meiner therapeutischen Erfahrung nach wissen die Beteiligten in aller Regel nicht, warum sie keine sexuelle Beziehung mehr haben können, und entziehen sich aus einer tief begründeten Ängstlichkeit der Konfrontation mit dieser Frage.

Grundsätzlich können alle Ebenen gestört sein und es kommt dazu, dass man weder im Gespräch noch in der Emotionalität oder auch in der Sexualität miteinander etwas anfangen kann. Häufiger ist jedoch, dass man nur in einem Bereich eine

Ausdrucksform für die immanente Kränkung findet (zum Beispiel auf der körperlichen Ebene), um die Beziehung aufrechterhalten zu können.

Ganz sicher ist aber die Zauberhaftigkeit der Beziehung in solchen Situationen nicht mehr greifbar und damit wird die feinsinnige Grundlage einer gelingenden Paarbeziehung in die Luft gesprengt.

# 16
# WARUM EIFERSUCHT NIE BERECHTIGT IST UND LETZTLICH EINE SICHERE METHODE DARSTELLT, DEN PARTNER ZU VERLIEREN

Eifersucht ist die Angst, einen anderen zu verlieren. Wenn man ein bindungsunsicherer Mensch ist, ist man gewöhnlich anfällig für Eifersucht. Die Eifersucht ist eine Angst, die einen komplett überfluten kann. Hat man sie erst einmal, kann man sich ihr nicht entziehen. Das ist wie mit der Seekrankheit auf einem kleinen Schiff in stürmischer See.

Allerdings tue ich mich mit dem Begriff der Eifersucht etwas schwer. Denn viele emotionale Zustände, die als eifersüchtig bezeichnet werden, sind aus meiner Sicht gar keine Eifersucht. Wenn man eine innige Beziehung führt und sich als geborgen erlebt, wird ein nicht zur Eifersucht begabter Mensch kaum eifersüchtig sein. Wenn sich in dieser Beziehung einer der beiden plötzlich entfremdet und nicht mehr spürbar wird, dann ist die Angst des anderen nachvollziehbar, dass der geliebte Mensch als Partner verloren geht. Diese Form von Angst würde ich nicht als Eifersucht, sondern als Angst vor Bindungsverlust bezeichnen, und sie ist nicht nur berechtigt, sondern auch sinnvoll.

Eifersucht hingegen basiert, wie wir oben gesehen haben, auf einer A-priori-Bindungsunsicherheit. Sie ist eine Urangst, die immer dann aktiviert wird, wenn man einen anderen besonders ersehnt und begehrt. Daher ist Eifersucht umso größer, je tiefer die Sehnsucht und das Begehren einem anderen gegenüber sind. Die Grundlage dafür, dass aus der Sehnsucht Eifersucht entsteht, ist jenes Besitzdenken, das aus einer ganz tief liegenden Selbstunsicherheit resultiert.

In meiner Definition ist Eifersucht immer unberechtigt. Eifersucht ist nämlich ein Gefühl, das in Wahrheit wenig bis nichts mit dem Partner zu tun hat, aber viel mit der psychischen Disposition des Eifersüchtigen. Man kann – meiner Definition gemäß – nur dann eifersüchtig sein, wenn man keinen Grund dazu hat. Menschen, die eifersüchtig sind, vermitteln sich und dem anderen unbewusst, dass sie ihn nicht spüren. Sie beschäftigen sich aufgrund ihrer tief liegenden Ängste mit sich selbst und können dem anderen nicht begegnen. Der Eifersüchtige befindet sich in einem erkalteten, lieblosen Zustand. Er meint zwar, den anderen nicht verlieren zu wollen, hat ihn aber durch die Eifersüchtelei bereits verloren, von sich aus.

Das führt nicht dazu, dass das Objekt der Eifersucht den Eifersüchtigen gleich aufgibt. Ganz im Gegenteil erleben manche Menschen einen eifersüchtigen Partner fälschlicherweise als sehnsüchtig begehrend, was ihnen schmeichelt. Meistens währt das aber nicht lange, denn in Wahrheit ist eine Eifersucht immer ein Wahn. Mit einem eifersüchtigen Menschen leben zu müssen, bedeutet mit einem Wahnsinnigen zu leben. Man lebt mit einem Menschen zusammen, der ständig mit sich selbst beschäftigt ist, allerdings vorgebend, dass man ihm so wichtig sei wie nichts anderes auf der Welt. Das ist eine schwer zu ertragende Doppelbotschaft, die allerdings in den meisten Fällen nicht leicht zu decodieren ist.

Unbegründete Eifersucht ist auf Dauer kaum auszuhalten. Man hat das Gefühl, der Hauptzweck des Eifersüchtigen bestehe darin, einem selbst das Lebensgefühl zu vermiesen. Zunehmend wird einem der Eifersüchtige fremd, wie man in Wahrheit ihm fremd ist. Man wird vom Eifersüchtigen in einem grauenhaften Stück inszeniert. Auf die Spitze getrieben bedeutet dies, dass eifersüchtige Menschen sogar zu Mord fähig sind.

Keinesfalls ist ein Eifersuchtsmord ein Mord aus Liebe, sondern darin zeigt auf überzeichnete Weise, was jede Eifersucht ist: ein Ausdruck dessen, dass man sich von der Liebe zum anderen verabschiedet hat und diesen im Gegenteil hasst. Ja, Eifersucht ist in der Tat eine bizarre Form von Hass.

Früher oder später kommt jeder, der mit einem eifersüchtigen Menschen lebt, darauf, dass der andere die Beziehung nur vorgibt. Daher passiert es überdurchschnittlich häufig, dass der von Eifersucht belastete Partner die Konsequenz aus der durch die Eifersucht deutlich gewordenen Lieblosigkeit zieht und den anderen verlässt. Vielleicht verlässt er ihn, indem er ihn mit jemand anderem betrügt. In diesem Fall ist der Betrug dann allerdings eine Konsequenz eines anderen Betrugs: nämlich des Betrugs, Liebe vorzugeben und eigentlich egoistisch penibel auf den Besitz des vorgeblich Geliebten zu pochen.

*Der Eifersüchtige gibt vor, leidenschaftlich zu lieben, und ist doch der liebloseste Mensch, den man sich vorstellen kann.*

Eifersucht ist der goldene Weg, einen Menschen, den man zu lieben glaubt, von sich wegzutreiben. Eifersüchtig sein heißt, ohne Grund eine selbsterfüllende Prophezeiung auszuleben. Der Eifersüchtige gibt vor, leidenschaftlich zu lieben, und ist doch der liebloseste Mensch, den man sich vorstellen kann.

Eifersucht ist nur möglich, wenn man dem Missverständnis aufsitzt, dass der andere ein Besitztum von einem wäre. In Wahrheit ist es aber so, dass ein Geliebter immer ein unverdientes Geschenk ist. Am Anfang einer Beziehung erlebt man gewöhnlich den anderen auch als ein solches, aber mit der Zeit glaubt man, dass der andere einem gehört, wobei man nicht alle Aspekte des anderen in gleicher Weise in sein Ego eingemeindet. Die Wissenschaft hat festgestellt, dass Männer besonders über die sexuelle Untreue ihrer Frau gekränkt sind, während Frauen die sexuelle Untreue ihrer Männer oft gar nicht so schlimm finden. Wenn aber die Frau im Anzugsakko ihres Mannes versehentlich die Rechnung für ein teures Schmuckstück findet, das ihr selbst nie zum Geschenk gemacht wurde, dann ist sie besonders eifersüchtig.

Dieser Umstand wird evolutionsbiologisch so erklärt, dass Frauen als Hauptinteresse die Zurverfügungstellung der Ressourcen für ihre Kinder im Auge haben, während Männer deshalb so auf die sexuelle Treue ihrer Partnerin Wert legen, weil sie ja eigentlich gar nicht wissen können, ob ihr Nachwuchs von ihnen oder von jemand anderem stammt.

Wenn man langjährige Paare nach dem Geheimnis ihrer Beziehung fragt, antworten sie gewöhnlich damit, dass sie sich gegenseitig Freiheiten eingeräumt haben. Die Bindungstheorie besagt, dass nicht das Gefühl, sicher gebunden zu sein, ein Kardinalzeichen für eine stimmige Bindung darstellt. Vielmehr ist es die erlebte Freiheit, die anzeigt, dass Bindung gelungen ist. Man kann das leicht nachvollziehen, wenn man an Kinder denkt, die sich von den Eltern sicher geliebt fühlen. Das hat ein Empfinden tiefer Geborgenheit zur Folge. Die Geborgenheit ist wie ein unsichtbarer Wohnwagen, mit dem die Kinder die ganze Welt unschwer erkunden können, da sie alles, was sie für die innere Sicherheit benötigen, immer mit sich führen. Wenn man das so betrachtet, ist die Polarität von Bindung und Freiheit, die so viele Menschen in Beziehungen erleben, eine Fiktion. Wenn sich Freiheit und Bindung nicht vertragen, ist die Bindung keine wirkliche Bindung, sondern stellt im Grunde eine Abhängigkeit dar. Genau das spielt sich in eifersuchtsdominierten Beziehungen ab.

Was wir nie vergessen dürfen, ist, dass wir das Ja des anderen nicht selbstverständlich einfordern können – auch wenn wir in einer fixen Partnerschaft leben oder sogar verheiratet sind.

Das Ja des anderen ist etwas, worauf wir kein Anrecht haben, auch wenn es uns versprochen wurde. Die Dankbarkeit, dieses Ja immer wieder erleben zu dürfen, ist ein wichtiges Bindemittel in Beziehungen und vermittelt uns jene Sicherheit, die jede Eifersucht absurd werden lässt.

# 17
# WARUM VERHEIRATETE MÄNNER FÜR IHRE AFFÄRE SO GUT WIE NIE DIE EHEFRAU VERLASSEN, OBWOHL SIE ES IMMER WIEDER VERSPRECHEN

Verheiratete Männer geraten manchmal in das Gravitationsfeld einer attraktiven Alternative zu ihrer Frau. Sie beginnen dann nicht selten mit dieser Alternative eine Affäre. Das passiert gewöhnlich in jenen Zeiten der ehelichen Beziehung, in denen aufgrund der natürlichen Fluktuation von Nähe und Distanz in Beziehungen gerade Distanz angesagt ist. Es gibt keine Beziehung zwischen Menschen, auch jenseits von Liebesbeziehungen, in der unentwegt Intimität aufrechtzuerhalten ist. Wahrscheinlich braucht es sogar Zeiten der Distanz, um aus der Sehnsucht nach Nähe wieder zur Intimität zurückzufinden. Im Idealfall kommt es dann zu einer Intimität, die qualitativ hochwertiger ist als vorher. Affären (vor allem der Männer; bei Frauen verhält es sich gewöhnlich ein wenig differenzierter) entstehen gewöhnlich in jenem Slot, in dem die Ehepartner miteinander wenig anfangen können und daher wenig miteinander zu tun haben.

In solch einer Distanzperiode entstehen gegenseitige Frustrationen, geprägt von mangelndem Mitgefühl füreinander, wenig geistiger Kommunikation, minderwertiger gegenseitiger emotionaler Beantwortung und einem in irgendeiner Weise eingeschränkten Sexleben (quantitativ oder qualitativ). Kurzum: Man fühlt sich mit seinen Bedürfnissen alleingelassen und empfindet den anderen als desinteressiert. Vor allem Männer erleben das sehr rasch als narzisstische Kränkung. Frauen tolerieren es gewöhnlich ein wenig länger, was Vor- und Nachteile hat. Wenn wir frustriert sind, sind wir bedürftig. Bedürfnisse sind überhaupt die Grundlage für den Wunsch, einen anderen Menschen an seiner Seite zu haben. Hätten wir nicht die Aussicht, Bedürfnisse erfüllt zu bekommen, würden wir alle fanatische Singles bleiben. Genau das passiert manchmal, wenn Menschen nachhaltig schlechte Beziehungserfahrungen machen. Dann werden sie überzeugte Singles, weil sie den Glauben daran verloren haben, dass sie jemals eine Beziehung führen werden, in der sie auf ihre Kosten kommen.

*Eine Affäre befriedigt die in der Ehe
unbefriedigten Bedürfnisse
und ermöglicht so dem Mann,
bei seiner Frau zu bleiben.*

Warum sollten wir uns das mit dem anderen sonst antun, wenn nicht zur Bedürfnisbefriedigung? Irgendwie ist doch jede Beziehung eine freiwillige Aufgabe von Persönlichkeitsrechten. Beispielsweise können wir normalerweise in einer Beziehung nicht einfach das Haus verlassen, ohne zu sagen, wohin wir gehen, was wir vorhaben und wann wir ungefähr zurückkommen. Wer tut sich das schon an, ohne dass er etwas zurückbekommt, das für ihn von Wert ist?

Affären von Männern entstehen also meistens aufgrund der Bedürftigkeit des Mannes trotz aufrechter Ehe. An dieser Bedürftigkeit ist jedoch keinesfalls die Frau schuld; sie ist vielmehr auf eine Dynamik in der jeweiligen Paarbeziehung zurückzuführen, die so komplex ist, dass man die Ursache ehrlicherweise in der Regel kaum finden kann.

Nun ist jede Ehe nicht nur eine Bedürfnisbefriedigungsinstitution für die Ehepartner, sondern auch ein kompliziertes Beziehungssystem, in dem man sozial und ökonomisch beheimatet ist. Auch wenn die Ehe frustrierend ist, spricht doch häufig sehr viel gegen ihre Auflösung – man verliert den Freundeskreis, man verliert viel Geld, man verliert soziale Standards, man verliert Ansehen und vieles Ähnliches mehr. Wenn also ein Mann eine außereheliche Affäre eingeht, kommt es zu einem Dilemma. Die Sehnsucht nach persönlicher Intimität, die in der Beziehung verloren gegangen ist, wird in der Affäre befriedigt, die Sehnsucht nach sozialer Geborgenheit in der Ehe. Dieser Zustand ist in gewisser Weise ein vollkommener, denn der Mann hat plötzlich alles, was er braucht. Allerdings in zwei Beziehungen, die gewöhnlich nicht miteinander kompatibel sind. Die damit einhergehende Geheimniskrämerei ist sehr anstrengend.

Natürlich wünscht sich die Freundin, dass er seine Frau verlassen und sich zu ihr bekennen möge. Ist der Mann bei seiner Freundin, spürt er den Wunsch der Freundin. Er identifiziert sich kurzfristig mit ihrem Wunsch (Männer sind so adaptiv, dass Frauen sie als feige erleben) und gewöhnlich verspricht er ihr: Wenn das und das eingetreten sei, werde er sich scheiden lassen. Sobald er dann wieder daheim ist, bemerkt er, wie wohl ihm die Familie, die soziale Integration und die ökonomische Sicherheit tun, und er denkt nicht im Traum daran, sich von seiner Frau zu trennen. Ganz im Gegenteil: Er hat ja alles. Das Einzige was stört, ist das schwierige Konstrukt der Verlogenheit, das in solchen Fällen zunehmend zur Belastung wird.

Viele Männer, die in einer solchen Situation zu mir kommen, glauben sich entscheiden zu müssen. Das ist anständig gedacht, aber eine sogenannte Rechnung ohne den Wirt. In Wahrheit ist das ein psychologischer Knoten, dem man weitgehend ratlos gegenübersteht. Ich rate diesen Männern, sich den Gedanken an die Entscheidung aus dem Kopf zu schlagen. Eine Bekannte von mir hatte eine langjährige Affäre mit einem Intellektuellen. Er war ein wenig zwänglich strukturiert und zeichnete sich durch eine sehr, sehr große Regelmäßigkeit seiner Besuche aus. Er kam jede Woche montags und donnerstags von 15 bis 17 Uhr zu dieser Dame, außer er war mit seiner Familie im Urlaub, auf einem Kongress oder es handelte sich um einen Feiertag. Gewöhnlich, aber nicht immer, hatten sie bei seinen Visiten Sex. Das war auch in diesem Fall der Hauptgrund seiner Besuche.

Eines Tages traf ich meine Bekannte in der Stadt und wir kamen ins Tratschen. Im Laufe dieses Gesprächs fragte ich sie, ob ihr Beziehungsstatus mit diesem Herrn noch immer relevant sei. Sie wand sich geradezu vor Ekel und berichtete mir Folgendes: »Stell dir vor«, sagte sie, »ich bin draufgekommen, dass er sich in diesem Jahr scheiden ließ und eine neue Frau geheiratet hat, und ich habe es weder an der Frequenz noch an der Qualität seiner Besuche gemerkt. Er hat mir auch kein Sterbenswörtchen davon erzählt.« (No na!) »Das war mir dann doch zu viel und ich habe ihn verlassen. Ich möchte ihn in meinem Leben nie mehr wiedersehen.« Sie hasste ihn, wohl auch, um sich selbst nicht hassen zu müssen.

Dieses Beispiel zeigt deutlich, dass Männer, die ihre Frauen betrügen, immer auch jene Frauen betrügen, mit der sie eine Affäre haben. Es werden beide betrogen und belogen, die Frau eins und die Frau zwei. Aber gewöhnlich ist es nicht so, dass sich die Männer dieses Umstands vollkommen inne sind, denn sie belügen und betrügen sich selbst in ähnlicher Weise. Wenn eine doppelte Beziehung lange genug dauert, ist es so wie bei einem meiner Patienten, der anfangs seine Frau mit seiner Affäre betrogen hat und nun die Affäre mit der Frau betrügt.

Außereheliche Affären befriedigen die in der Ehe unbefriedigten Bedürfnisse und ermöglichen so dem Mann, bei seiner

Frau zu bleiben. Somit dienen sie in erster Linie der Stabilisierung der Ehe. Sie sind eine gängige Form des Missbrauchs eines Menschen durch einen anderen Menschen. Das sage ich ganz ohne moralischen Zeigefinger. Frauen, die sich auf außereheliche Affären einlassen, zumindest auf Dauer, missbrauchen sich selbst und werden missbraucht. Sie werden sich fragen, verehrte Leserinnen und Leser, ob diese Umstände umgekehrt für Frauen als Ehe- oder Beziehungsbrecherinnen ebenso gelten. Zunehmend ist es so. Denn es gibt nicht wenige Ehen, in denen sich im Sinne der bisherigen Rollen eine Umkehr vollzogen hat. Vor allem wenn die ökonomische Hauptversorgung der Familie bei der Frau liegt, ist die gleiche Geschichte vice versa zu erzählen. Sexualität ist immer auch ein Machtmittel.

Aber auch sonst kann man derartige Konstellationen beobachten. Ich denke an ein Akademikerehepaar, das mich aufsuchte, weil der Mann dem wiederholten Ehebruch seiner Frau auf die Schliche gekommen war. Er war sehr gekränkt. Wir haben im Rahmen einer Paartherapie die Geschichte analysiert und es zeigte sich, dass in der Ehe ein Mangel an narzisstischer Zuwendung eine Rolle spielte. Allerdings war es in diesem Fall die Frau, die – sehr analog zu den von mir im ersten Kapitel beschriebenen, typisch männlichen Bedürfnissen – ihre Affären in erster Linie brauchte, um ihr etwas überhöhtes Selbstbild zu stabilisieren.

Affären sind wie Medikamente, sie haben Wirkungen und Nebenwirkungen. Die Verträglichkeit ist dann gut, wenn die Wirkung stärker ist als die Nebenwirkungen. Gewohnheiten spielen aber auch eine große Rolle. Ich kenne zahlreiche Menschen, für die ihre Affäre zu einer immensen Belastung geworden ist. Sie können jedoch nicht von ihr lassen, obwohl sie keinen Mehrwert mehr bietet. Denn der Mensch ist, wie man sagt, ein Gewohnheitstier.

# 18

# WARUM MAN EINANDER ERST ZU VERSTEHEN BEGINNT, WENN MAN BEGREIFT, DASS MAN NICHT DIE GLEICHE SPRACHE SPRICHT

Von Karl Kraus, dem berühmten österreichischen Schriftsteller und Zyniker, stammt der Satz:»Die Deutschen und die Österreicher unterscheiden sich durch die gemeinsame Sprache.« Tatsächlich verwenden Deutsche die deutsche Sprache eher explizit, während man in Österreich zu einem impliziten Sprachausdruck neigt. Das führt dazu, dass man in Österreich Deutsche bewundert, wie konkret sie sich ausdrücken können, aber sie manchmal auch als überheblich, bestimmend und unhöflich erlebt. Umgekehrt werden Österreicher in Deutschland oft als charmant (und vielleicht ein wenig minderbemittelt?) eingestuft, während man mitunter nicht genau weiß, was denn der Österreicher wirklich sagen will. Natürlich ist weder der Deutsche noch der Österreicher so, wie die Sprache beim jeweils anderen ankommt.

An diesem Beispiel merkt man, dass man durchaus die gleiche Sprache sprechen kann, aber mit den Worten unter Umständen etwas anderes meint beziehungsweise die Dinge anders ausdrückt. Der Sprachgebrauch eines jeden Menschen ist durch die Gewohnheiten, die er in seiner Kindheit ausgebildet hat, und durch Vorbilder geprägt. Manche Menschen entschuldigen sich bei jedem Satz. Andere deuten Dinge lediglich an und sind dann enttäuscht, dass der andere ihnen die Wünsche nicht von den Augen abliest. Wieder andere empfinden eine klare Aussage als eine Zumutung und trauen sich nicht, ihrem Gegenüber eine klare Botschaft zuzumuten.

Es gibt aber auch Menschen, die einen aggressiven Sprachgebrauch pflegen und in beinahe jeden Satz eine Killerphrase einbauen. Diese Form von aggressivem sprachlichem Verhalten muss nicht unbedingt auf ein überhöhtes Selbstwertgefühl hinweisen, sondern kann durchaus ein Ausdruck von Selbstunsicherheit darstellen. Dann wiederum gibt es Menschen, die eigentlich gutherzig sind, deren grobe Ausdrucksweise aber auf eine mangelnde Intersubjektivität hinweist. Als Intersubjektivität bezeichnet man die Fähigkeit des Menschen, einen anderen inwendig zu spüren und damit die Möglichkeit zu eröffnen, ihn dort abzuholen, wo er ist.

## *Übergroße Bedürftigkeit, vom anderen verstanden zu werden, führt zu einem manipulativen Kommunikationsstil.*

Hinter jedem Sprachausdruck steckt eine ganz spezifische Persönlichkeit. Dabei wissen wir durchaus nicht immer selbst, wer wir sind. Entsprechend wissen wir oft selbst nicht, was wir mit dem ausdrücken, was wir sagen. Zum Beispiel sind die »professionellen Entschuldiger« gewöhnlich nicht gewahr, dass sie sich eigentlich für sich selbst entschuldigen, denn ansonsten gibt es weit und breit keine erkennbare Schuld. Schuld ist jenes Gefühl, das die Furcht am Verlust der Verbundenheit repräsentiert. Menschen, die sich ständig entschuldigen, vermuten also im Grunde genommen, dass sie durch ihre Existenz stören. Sie fürchten, dass sie durch die Zumutung, die sie darstellen, aus der Gemeinschaft ausgeschlossen werden könnten. Wir fühlen uns schuldig, wenn wir einen Schuldausgleich machen müssen, um mit dem Gegenüber wieder in ein Gleichgewicht von Geben und Nehmen zu kommen. Das Gleichgewicht von Geben und Nehmen ist wie nichts anderes Ausdruck einer funktionierenden Beziehung.

Unlängst war bei mir ein Ehepaar in Behandlung, dessen Problem darin bestand, dass sie eine Außenbeziehung hatte. Bei näherer Betrachtung der Beziehungsgeschichte zeigte sich, dass der Mann ein beinahe uneingeschränkt Gebender war, während sie nicht im gleichen Ausmaß bereit war, ihm Freude zu bereiten. Die sexuelle Beziehung reduzierte sich, die gemeinsamen Aktivitäten wurden von ihr, wenn überhaupt, freudlos mitgemacht. Es kam, wie es kommen musste. Die Beziehungslosigkeit erzeugte ein Herzensvakuum, in dem eine neue Verliebtheit Platz hatte. Das Problem dieses Paares war keinesfalls die sexuelle Untreue der Frau, sondern das Ungleichgewicht von Geben und Nehmen.

*Der sprachliche Diskurs ist ein Geben und Nehmen. In einem gelungenen Gespräch sind beide Zuhörer.*

Auch der sprachliche Diskurs ist ein Geben und Nehmen, das funktionieren kann oder auch nicht. In einem funktionierenden Diskurs gehen beide Teilnehmer in das Land des anderen, um den anderen alsdann zu sich einzuladen. Ein gelungenes Gespräch ist eines, in dem beide Seiten Zuhörer sind: Der Sprecher ist ein Zuhörer, indem er dem anderen aus dem Herzen spricht, und der Zuhörer ist ein Zuhörer, indem er bereit ist, das Land des anderen zu betreten.

Jede Beziehung ist – wie schon gesagt – ein transkulturelles Experiment. Menschen verstehen einander nicht a priori und auch nicht in der gesamten Beziehungszeit immer gleich gut. Davon muss man ausgehen. Wenn man das nicht berücksichtigt, ist es kein Wunder, wenn man dem größten aller Missverständnisse aufsitzt: zu glauben, den anderen zu verstehen, und ihn dabei misszuverstehen. Im Zweifelsfall ist es günstig beziehungsweise ratsam, einmal nachzufragen, den Satz zu wiederholen, eine Deutung anzubieten.

Voraussetzung ist allerdings, dass man Ja zu sich selber sagt. Die übergroße Bedürftigkeit, vom anderen verstanden zu werden, führt zu einem manipulativen Kommunikationsstil. Viele Menschen sind enttäuscht, wenn es dem anderen an Verständnis mangelt, vor allem wenn dieser ein Liebespartner ist. Systemische Therapeuten betonen aber, dass die Botschaft nicht beim Sender entsteht, sondern beim Empfänger. Man kann sich das, etwas überspitzt formuliert, anhand der Rezeption von Bildern klarmachen: Das Bild wird nicht vom Maler an der Staffelei produziert, sondern entsteht in dem Moment, in dem der Kunstbetrachter in einer Ausstellung mit dem Bild in Berührung kommt und es betrachtet.

Die Botschaft entsteht also beim Empfänger. Viele Paare beschäftigen sich stark mit der Bewältigung der Enttäuschung, gegenseitig nicht verstanden zu sein. Es ist günstiger, von vornherein nicht davon auszugehen, dass man verstanden wird, sondern so sorgfältig und nachhaltig zu kommunizieren, dass der andere zwischen den Worten das Verständnis finden kann.

Paare kommunizieren in Paarbeziehungen oft sehr starr. Sie erinnern mich an Kommunikationen, die ich als Jugendlicher in Frankreich erlebt habe. Damals war es üblich, dass Franzosen nur französisch gesprochen haben. Ich konnte aber kein Französisch. Wenn ich auf Englisch etwas gefragt habe, antworteten sie in ihrer Muttersprache und erwarteten wie selbstverständlich, dass ich sie verstand. Das erlebte ich – gelinde gesagt – als unfreundlich. Seit einiger Zeit hat sich das auch in Frankreich spürbar verändert.

Wir verstehen einander nur, wenn wir uns stetig um die Kommunikation bemühen und uns eingestehen, dass es keinesfalls selbstverständlich ist, einander zu verstehen. Erst dann wird die Kommunikation das sein, was sie sein muss: ein gegenseitiges Sich-in-Liebe-Hinneigen.

# 19
# WARUM ES SELBST IN EINER EHE NICHT AUSGESCHLOSSEN IST, IN LIEBE VERBUNDEN ZU BLEIBEN

Wenn ein Paar zu heiraten gedenkt, ist manchmal Liebe im Spiel. Heiraten ist ein sozialer Akt, der anderen vermittelt, dass das Paar zusammengehört. Man vermittelt es aber nicht nur anderen, sondern auch einander und sich selbst. Doch man kann es drehen und wenden wie man will, mit Liebe hat Heiraten herzlich wenig zu tun.

Die Liebe ist eine Erfahrung der Verbundenheit, die bedingungslos ist und keine Entwicklung kennt. Liebe ist – poetisch von Erich Fried gesagt –, was sie ist. Liebe ist ein Zelt, in dem man sich sicher fühlt, in dem man sich nicht nur wohlfühlen, sondern auch schmerzhaft entwickeln kann. Die Liebe braucht keine Ehe. Sie ist ein spiritueller Zustand im Sinne meiner Definition von Spiritualität als der Anerkennung des Zauberhaften im Leben. Weil die Liebe in Liebesbeziehungen vorhanden ist, braucht sie keinen Rahmen, um sich zu entwickeln; Liebe ist nicht institutionalisierbar.

Es gibt andere Dinge, für die eine Institutionalisierung der Beziehung nützlich sein kann. Diese sind allesamt in äußeren Zielen und in den Ergebnissen einer Beziehung zu finden: Gemeinsamer Besitz, gemeinsame soziale Kontakte, Anerkennung in der Gesellschaft und nicht zuletzt Kinder und die gemeinsame Sorge für die alten Eltern wären Beispiele dafür.

Viele glauben, sie heirateten aus Liebe. Aber für die Liebe ist die Ehe eine große Gefahr. Sie ist es vor allem dann, wenn man sich dieser Gefahr nicht bewusst ist und nicht weiß, warum man, abgesehen von der Begründung durch die Liebe, heiratet. Eine Ehe imaginiert durch die Institutionalisierung der Beziehung eine Verbundenheit, die durch die Liebe schon viel natürlicher und zauberhafter vorhanden ist. Man braucht eine tragfähige Brücke nicht weiter zu verstärken. Eine tragfähige Brücke mit Eisen zu verstärken bedeutet möglicherweise, sie so zu belasten, dass sie wegen der zusätzlichen Last bricht. Viele Paare fühlen sich allein durch die Tatsache der Verheiratung zusammengehörig und glauben infolgedessen, sie müssten nicht mehr auf ihre Liebe schauen. Darin liegt die wesentliche Gefahr der Ehe. Die Liebe ist ein weitestgehend bedürfnisloses Empfinden, dem sozusagen nur ein Bedürfnis zukommt: Sie will wahrgenommen und gesehen sein. Nicht mehr, aber auch nicht weniger. Denn ein Empfinden, das man nicht wahrnimmt, ist nicht relevant und wirksam.

## *Liebe ist nicht institutionalisierbar.*

Man hat den Eindruck, dass Eheleute des Öfteren vergessen, dass sie zusammen sind, weil sie sich lieben, und nicht weil sie verheiratet sind. Daher müssen wir uns innerlich frei fühlen können, gerade wenn wir verheiratet sind, um die Verbundenheit der Liebe noch zu benötigen. Ich habe einmal ein Gedicht geschrieben, dass diesen Umstand sehr schön widerspiegelt:

Lassen wir uns los
damit wir die Hände frei haben
ich für dich
du für mich.

Als Ehepaar sollte man jeden Tag vergessen, dass man verheiratet ist, und sich einfach lieben. Mit anderen Worten: Man sollte sich durch die Verführung der Institutionalisierung einer Beziehung nicht auf Abwege führen lassen, sondern den anderen schlicht und ergreifend lieben.

Wenn man andere Institutionen betrachtet, wie zum Beispiel religiöse Gemeinschaften oder idealistische politische Bewegungen wie den Kommunismus, bemerkt man, dass auch dort die Grundideen mit der Institutionalisierung konkurrieren: Das Resultat einer religiösen oder politischen Bewegung ist faszinierenderweise stets das Gegenteil dessen, was ursprünglich gemeint war. Institutionalisierungen in menschlichen Gemeinschaften sind Wachhunde, die man gut dressieren muss. Wenn man sie nicht ständig wachsam im Auge hat, dominieren sie das Leben und der Rahmen wird mit dem Inhalt verwechselt.

# 20
# WARUM MASTURBATION IMMER UNBEFRIEDIGENDER IST ALS DIE SEXUELLE BEGEGNUNG MIT EINEM LIEBESPARTNER

Wenn man ein Problem hat, zum Beispiel in Bezug auf eine Entscheidung, und man findet partout keine Lösung, ist es durchaus nützlich, jemanden zu kontaktieren. Man sucht das Gespräch mit einem Menschen, dem man vertraut und der höchstwahrscheinlich Verständnis für das Problem aufbringt. Wenn man ihm dann von dem Problem erzählt, kann es passieren, dass einem dabei die Lösung einfällt, ohne dass der andere etwas sagen musste. Die Begegnung mit dem anderen führt zu einer Verbesserung der betroffenen Assoziationsbahnen im Gehirn, die uns die Lösung vermitteln. Zuhören inspiriert. Das ist die Magie der Begegnung. In Begegnungen werden wir mehr, als wir sind.

Es ist auch etwas anderes, ob man vor Publikum eine Rede hält oder sie vor dem Spiegel vorbereitet. Wenn wir uns vornehmen, einem Menschen etwas zu sagen, klingt das in unseren Gedanken doch sehr anders als das, was wir im Endeffekt sagen, wenn derjenige vor uns steht. Begegnungen sind auch Spiegelungen, die Wirklichkeiten erzeugen oder zumindest modifizieren. Schon als kleine Kinder werden wir durch das Tun der Mutter und des Vaters gespiegelt und lernen dadurch zu verstehen, wer wir sind.

Sexualität wird wahrscheinlich zu Unrecht als Trieb verstanden. Denn das Wort Trieb suggeriert, dass Sex sich seinen Weg in der Welt bahnen will, koste es, was es wolle. Sex wird zwar nicht selten triebhaft erlebt (landläufigen Meinungen zufolge eher von Männern, wobei ich mir da nicht so sicher wäre), ist jedoch bei näherer Betrachtung erstaunlich umweltabhängig. Es gibt Menschen, die keinerlei sexuelle Bedürfnisse haben (zumindest in bestimmten Zeiten ihres Lebens), vor allem wenn sich kein Sexualpartner zur Verfügung stellt. Daneben gibt es natürlich auch zahlreiche andere Faktoren, die mitunter dazu führen, dass einem das Bedürfnis nach Sexualität vorübergehend oder anhaltend vergehen kann.

## Sexualität birgt ein Trostpotenzial.
## Masturbation ist ein Trösterchen.

Ob man von der Sexualität getrieben ist oder nicht, hängt unter anderem stark vom Bedürfnis nach Geborgenheit ab. Sehr ungeborgene Menschen brauchen häufig viel Sex. Sexualität birgt ein Trostpotenzial, deshalb kann man nach ihr auch süchtig werden (alle Suchtmittel und süchtigen Verhaltensweisen sind Trostversuche, die allerdings letztlich trostlos sind). Im Sexualakt selbst vergisst man wie in einem Rausch die Bedrohungen und die frustrierten Bedürfnisse des Lebens, in gewisser Weise ist dann alles gut. Die Forschung hat festgestellt, dass sexsüchtige Menschen einen vermehrten Bedarf an Oxytocin im Gehirn aufweisen, den sie sich über ihre Sexualität zuführen. Oxytocin ist ein Neurohormon, das im Körper bei Geborgenheitserfahrungen ausgeschüttet wird.

Wenn sich ein Kind beim Spielen am Bein verletzt und die Mama nimmt es in den Arm, ist der Schmerz gleich weniger groß, weil durch das Oxytocin quasi alles in Ordnung ist, auch wenn nichts in Ordnung ist. Das ist ebenfalls der »Trick« der Liebe: Es ist alles in Ordnung, auch wenn nichts in Ordnung ist. Wenn man das Masturbationsverhalten und -erleben von Menschen betrachtet, ist Masturbation nichts anderes als ein Trösterchen. Masturbation gilt heute als sexuelle Aktivität, die allen anderen ebenbürtig ist und auch in bestehenden, sexuell aktiven Beziehungen als zusätzliche sexuelle Aktivität üblich ist. Das Empfinden von schutzlosem Ausgeliefertsein der Welt gegenüber wird durch dieses Verhalten geringer. Sicherlich ist der Befriedigungscharakter bei Frauen und bei Männern unterschiedlich. Aber das ist eine Plattitüde, denn grundsätzlich ist die Erlebenswelt in der Sexualität bei Frauen eine wesentlich umfangreichere als bei Männern, bei denen das sexuelle Erleben vergleichsweise einfältiger ist. Ungeachtet dessen: Relativ bald nach der Masturbation ist die Welt wieder genauso problematisch wie zuvor. Masturbation hilft also nur kurz.

Seit längerer Zeit beschäftigt mich die Frage, warum die meisten Menschen bei der Selbstbefriedigung nicht den gleichen Grad an ganzheitlicher Erfüllung erreichen wie beim Sex mit einem Partner, den sie lieben (vorausgesetzt, man kann sich einlassen; bei bestimmten verklemmten Menschen ist die Masturbation die befriedigendste sexuelle Aktivität). Vielleicht hilft hier der Vergleich mit anderen Situationen aus dem Leben.

Ich kenne Menschen, die gerne in Gourmetrestaurants essen. Dort erwartet sie möglicherweise ein achtgängiges Menü mit exzellenter Weinbegleitung. Solche Feinschmecker freuen sich oft wochenlang auf dieses Erlebnis. Ein Bekannter von mir reist gerne nach Lyon und nach San Sebastian im Baskenland. Diese Orte sind »Hotspots« von Sternerestaurants. Er bucht die Reise so, dass er an vier aufeinanderfolgenden Abenden die besten abklappern kann. Wenn ich ihn frage, wie es war, spricht er in höchsten Tönen davon. Aufgrund der Art und Weise, wie er davon erzählt, bin ich mir aber nicht sicher, ob die Vorfreude und die Nachfreude nicht größer sind, als der Genuss, den er wirklich dabei hat (denn die Vorfreude entspricht verdächtigerweise genau der Nachfreude). Demgegenüber erinnere ich mich an eine lange Wanderung, die ein Freund und ich in den österreichischen Bergen gemacht haben. Wir kamen zu einer Hütte, von der wir dachten, dass sie gesperrt wäre. Zu unserer freudigen Überraschung hatte die Hütte geöffnet, denn wir hatten bereits einen zünftigen Hunger und Durst. Wir aßen ein Käsebrot und tranken dazu ein Bier. Ich glaube nicht, dass der Genuss, den wir beim Verzehr empfanden, durch irgendein Gourmetrestaurant-Erlebnis zu toppen ist.

Ein weiteres Beispiel: Zu Weihnachten kommt das Christkind zu den Kindern. Leider ist es Usus geworden, Kindern sämtliche Dinge zu schenken, die auf ihrem Wunschzettel standen. Dadurch gleichen Kinder am Weihnachtsabend Geschäftsleuten, die kontrollieren, ob die Lieferung vollständig ist. Es fehlt das Überraschungsmoment. Denn das Gefühl der Freude bedarf der Überraschung. Das Gefühl der Freude ist jenes Gefühl, das uns darüber informiert, dass das, was jetzt passiert, mehr ist, als ich von mir und vom Leben erwartet habe.

Erfüllung und Freude, die Befriedigung an einer Sache, werden durch die Absichtlichkeit, durch die Intentionalität reduziert (die schönsten Dinge im Leben kann man nicht kaufen, daher sind Millionäre auch nicht glücklicher als Durchschnittsverdiener). Letztlich ist ein Geschenk dann ein Geschenk, wenn es irgendwie einen Überraschungsmoment birgt. Ein Geschenk muss immer etwas Unerwartetes an sich haben, zumindest eine Prise, ein Moment des Unerwarteten.

Nun ist Sexualität mit sich selbst etwas sehr Absichtliches und Intentionales und läuft normalerweise auch äußerst stereotyp ab. Eine Bekannte sagte mir einmal, dass sie sich wundere, dass Männer immer vor den gleichen Bildern am Bildschirm masturbieren, und dass sie es erstaunlich fände, dass das nicht langweilig werde. Nun, die Frage, so naiv sie klingen mag, weist auf den strengen Ritualcharakter von Masturbation hin.

Auch in einer Beziehung, in der man den anderen bloß als Objekt der Sexualität benutzt, kann es auch sehr bald zu einer stereotypen Sexualität kommen, die dann eher den Charakter (und das ist nicht abwertend gemeint) einer Masturbation zu zweit hat. Es gibt sogar Untersuchungen, die zeigen, dass Franzosen und Amerikaner unterschiedliche Reihenfolgen der einzelnen sexuellen Stellungen bevorzugen, was zu Irritationen bei internationalen Sexualkontakten führt (es entsteht das Gefühl, der andere sei übergriffig oder mache etwas falsch).

*Sexualität ist ein Ineinandergreifen von Antworten, das zu Kreativität und zauberhafter Fülle führt.*

In einer Liebesbeziehung aber läuft Sexualität wie ein Diskurs ab. Ein Diskurs ist dadurch geprägt, dass man einander antwortet und dass dieses Ineinandergreifen von Antworten zu einem Fluss der Kreativität führt, der nicht intentional gelenkt wird. Die Frage ist nicht, wer aktiv ist, sondern es ist ein Ineinanderklingen von Reaktionen, körperlichen Antworten. So entsteht jene unermessliche Kreativität, die wir am Anfang dieses Kapitels am Beispiel eines geistigen Diskurses kennengelernt haben.

Sexualität ist also weniger ein Trieb als vielmehr eine Art der Kommunikation mit anderen Menschen. Aus der Kommunikation entsteht immer etwas. So gesehen dient jeder erfüllende Sexualakt der Fortpflanzung. Nur ist es eben nicht immer Fortpflanzung im Sinne der Zeugung eines Kindes; durch die Kommunikation entsteht in den kommunizierenden Menschen etwas Neues, etwas Weites – es entsteht Befruchtung.

Das gegenseitige Antworten ermöglicht also eine Erfahrung, die man durch intentionalen Sex, auch wenn er pornografische Artistik beinhalten mag, nicht erreichen kann. Dann entsteht jene zauberhafte Fülle, die das Erlebnis möglicherweise ein Leben lang nachklingen lässt. Das ist keine Übertreibung: Ein Freund von mir, ein Freund der Frauen, wie man sagen könnte, erzählte mir, dass er von drei seiner Geliebten noch heute (er ist über siebzig) den Geruch in der Nase habe.

Ganz allgemein lässt sich sagen, dass ein zu durchstrukturiertes, von Absichtlichkeit geprägtes Leben, wie es in manchen Kreisen heute modern ist, leider unsinnlich ist und infolgedessen zu wenig Lebensbefriedigung und Lebenssinn führt. Das erklärt auch das Phänomen, das man bei vielen Menschen feststellen kann: dass sie eigentlich schon genug haben und doch nie genug bekommen können.

# 21
# WARUM EIN STREIT IMMER EIN SELBSTGESPRÄCH ZU ZWEIT IST

Wenn man eine Beziehung eingeht, dann erwartet man sich eigentlich die Befriedigung aller Grundbedürfnisse. Unser evolutionsbiologisches Erbe hat dafür gesorgt, dass wir uns nicht sofort den oder die andere vom Leib halten, indem es die Verliebtheit erfunden hat (oder war es der liebe Gott?). Die Verliebtheit ist wie gesagt ein Zustand, der neurobiologisch nahezu dem gleicht, was sich im Gehirn bei Kokaineinnahme tut: Wissenschaftliche Studien haben ergeben, dass Magnetresonanzaufnahmen der Gehirne von Kokainisten nicht zu unterscheiden sind von den Aufnahmen sehr verliebter Menschen. In diesem Zustand sind jene Hirnareale, die uns das Unglück vermitteln (das sogenannte Aversionssystem), inaktiviert, man ist total glücklich und führt das Glück auf die hundertprozentige Passung seines Gegenübers zurück. Kein Mensch, der verliebt ist, wird der Realität ins Auge sehen können, dass die Zauberhaftigkeit des anderen nur eine zufällige, im Gehirn produzierte Illusion ist und mit dem anderen gar nichts zu tun hat.

Als Außenstehender kann man mitunter beobachten, welch illusionärer Verkennung Freunde, die gerade verliebt sind, aufsitzen. Paartherapeuten nennen diese Phase Symbiosephase. Die intensive Verliebtheit hält circa sechs Monate bis zwei Jahre an und dann wacht man auf. Nun stellt man enttäuscht fest, dass der andere nicht so ist, wie man ihn sich vorgestellt hat, sondern so ist, wie er eben ist (was man nicht selten als Betrug empfindet, aber das ist ganz normal). Mit anderen Worten: Das Paar ist in der Differenzierungsphase angekommen.

Diese Zumutung, dass der andere nicht so aussieht, handelt, spricht und fühlt, wie man es gern hätte, führt zu Einengungen, die man von der Symbiosephase nicht kennt. Streitigkeiten in Paarbeziehungen sind der inadäquate Versuch, den anderen so hinzubiegen, dass man ihn wieder mögen kann. Das Motto lautet: Wenn du so bist, wie ich es mir vorstelle, kann ich dich weiter lieben.

Dieser Versuch wird selten gelingen. Grundsätzlich sind glückliche Beziehungen jene, in denen sich beide Beteiligten fragen: »Was kann ich tun, damit mein Partner glücklich ist?« Leider sieht die Realität oft so aus, dass man sich gegenseitig vorwirft: »Du enthältst mir vor, was mir gebührt.« So kann keine glückliche Beziehung verlaufen.

*Streitigkeiten sind der inadäquate Versuch,*
*den anderen so hinzubiegen, dass man*
*ihn wieder mögen kann.*

Streitigkeiten, so hat die Wissenschaft festgestellt, sind für eine Beziehung allerdings nicht a priori destruktiv. In der Tat sind sie in einer Paarbeziehung unvermeidbar. Was wirklich destruktiv in Beziehungen ist, sind jene Streitigkeiten, die mit ein- oder gegenseitigen Abwertungen verbunden sind.

Die Anatomien von Streitigkeiten zeigen, dass ein Streit (wenn ein Konfliktgespräch diesen Namen verdient) wie folgt verläuft: Der eine kritisiert den anderen. Die Kritik erzeugt eine emotionale Reaktion, die zahlreiche Erinnerungsspuren aktiviert. Diese Erinnerungsspuren erzeugen »einen Film«. Das Kopfkino spielt einen Streifen ab, der kaum etwas mit der geäußerten Kritik des Partners zu tun hat. Darauf reagiert der Angesprochene. Nachdem die Reaktion weitgehend unverständlich, unberechtigt und emotional inadäquat aufgeladen ist, reagiert der ursprüngliche Sender auf die Reaktion mit einem eigenen Kopfkino. Und so rasselt man in atemberaubender Geschwindigkeit in eine psychoseähnliche Konfrontation, in der jedes Mittel recht ist. In einem typischen Streit haben sich beide Partner komplett verheddert in Geschichten, die aus der eigenen Biografie stammen und die in Wirklichkeit nichts mit dem, was aktuell passiert, zu tun haben. So spricht in einem Streit im Grunde jeder mit sich selbst und nur scheinbar mit dem anderen. Daher kann es nicht zu einer Lösung kommen. Wenn man bei einem Streit zuhört, was zugegebenermaßen nicht zu meinen Lieblingsbeschäftigungen zählt, bemerkt man, dass das, was gesagt wird, irgendetwas ist – aber rein gar nichts mit dem zu tun hat, was der Partner vorher zum Ausdruck gebracht hat. Daher ist es bei einem Streit unmöglich, etwas zu klären. Es verhält sich vielmehr wie bei einem Krieg: Wenn beide Seiten erschöpft sind, werden die Kampfhandlungen aus Ermattung eingestellt. Der Frieden ist nicht das Resultat eines erfolgreichen Kompromisses, sondern die Folge der Kriegsmüdigkeit.

Die Beschleunigung in einem Streitprozess ist, wie gesagt, atemberaubend. Eine Kommunikation, ohne Austausch, beschleunigt sich insbesondere dann, wenn wir emotional betroffen sind. Dann rast das Gespräch mit Siebenmeilenstiefeln dahin und hat nach kürzester Zeit den Charakter, der in einer Aussage des österreichischen Schauspielers Helmut Qualtinger so trefflich zum Ausdruck kommt: »Ich weiß zwar nicht, wohin ich will, aber dafür bin ich schneller dort.«

Die einzige Methode, um aus einem Streit ein Konfliktgespräch zu machen, in dem Klärung möglich sein könnte, besteht darin, das Gespräch massiv zu verlangsamen. Das geht nur, indem man sich bewusst ist, dass gerade in emotional berührenden Situationen eine große Gefahr besteht, einander misszuverstehen. Daher ist es in solchen Situationen nützlich, möglichst jede Aussage des anderen zu wiederholen und nachzufragen, ob man das wohl richtig verstanden hat. Man sollte vermeiden, auf Aussagen zu antworten, die der andere so nicht gesagt hat beziehungsweise in der Weise nicht interpretiert haben will. Denn auf diese Weise bewirkt man eine Verlangsamung des Gesprächs und kann auf der Rallye der Streitigkeiten mit Müh und Not auf der Piste bleiben, statt in der ersten Kurve in den Straßengraben zu fahren.

## Durch Wiederholung und Nachfragen kann aus einem Streit ein Konfliktgespräch werden.

Das Gegenteil gilt erstaunlicherweise bei emotional unbedeutenden Gesprächen. Dort herrscht der Grundsatz: Es ist bereits alles gesagt, aber noch nicht von jedem. Paare, die große Konfliktthemen vermeiden, besprechen in einer unglaublichen Regelmäßigkeit immer wieder das Gleiche, ohne dass es ihnen langweilig wird. Dies tun sie nur, um ja nicht an die delikaten Themen zu rühren. Hier würde sich eine gewisse Beschleunigung der Kommunikation durchaus anbieten.

Es ist notwendig, die wichtigsten elementaren Themen in beider Biografien zu klären, damit eine Beziehung Bestand haben kann. Ansonsten wird sie an den individuellen Themen der Partner scheitern. Wenn sich einer zu wenig geliebt wähnt oder das Gefühl hat, nicht zu genügen, wird er sich in der Beziehung in diesem Selbstbild wiederfinden. Solche Vorstellungen haben ein immenses destruktives Potenzial. Die Streitigkeiten, die man in Beziehungen wiederfindet, sind genau auf diese Themen bezogen.

Nur Paare, die die Konflikte der Differenzierungsphase gut bearbeiten und klären können, erreichen die Phase der dankbaren Liebe – ein Sehnsuchtsort für jeden Menschen.

# 22
# WARUM EINEM ANDEREN ZU VERGEBEN AUSSCHLIESSLICH EIN AKT DER SELBSTFÜRSORGE IST

In einer Beziehung ist es unvermeidlich, einander zu verletzen. Es gibt große Verletzungen, wie zum Beispiel sexuellen Betrug oder finanzielle Hintergehung, und kleine Verletzungen, wie sich gehen lassen, unpünktlich sein, in der Kommunikation mit Zynismen antworten und Ähnliches mehr. Es gibt quasi Todsünden und lässliche Sünden. Zynismus ist allerdings wohl eine Todsünde im Kleid der lässlichen Sünde.

Psychische Verletzungen sind nichts anderes als Eingriffe in die Vorstellung, die wir von uns selbst haben, ohne dass wir einen Beitrag leisten können. Wenn ein Partner den anderen zum Beispiel immer wieder als blöd hinstellt, verletzt das diesen normalerweise. Man kann nämlich davon ausgehen, dass jeder Mensch gern als aufgeweckt und intelligent gelten will. Die Inkongruenz zwischen gewünschter Selbstvorstellung und Zuschreibung, wie sie einem durch die persönliche Umgebung zuteilwird, führt letztlich zu der Verletzung.

Wenn ein Mensch einem anderen wehgetan hat, ist dieser gewöhnlich böse auf ihn. Diese Emotion weist zunächst darauf hin, dass der eine etwas getan oder gesagt hat, das dem anderen nicht in den Kram passt. So weit, so gut. Gewöhnlich ist der andere anhaltend böse und es fällt ihm schwer zu vergeben. Das Nicht-vergeben-Können hat den psychologischen Sinn, die Verletzung zu neutralisieren. Dieser psychologische Vorgang hat eine gewisse innere Magie, die aber leider nicht funktioniert. Denn – um bei dem Beispiel zu bleiben – egal ob der eine meint, dass der andere blöd sei, während der andere glaubt, gescheit zu sein (oder es zumindest inständig hofft): Man wird durch die Meinung eines anderen oder durch die eigene Meinung nicht gescheiter oder blöder.

## *Eine Verletzung nachzutragen ist eine große Last, die man sich selbst aufbürdet.*

Und es wird nichts besser, wenn wir den Partner im Nachhinein beschuldigen, auch wenn er an uns schuldig geworden ist. Denn das Beschuldigen hat den Sinn, mir selbst und meinem Gegenüber klarzumachen, dass es eine Bindungsverletzung gegeben hat, die die Beziehung verändert. Nach Verletzungen zwischen Menschen kann es die alte Beziehung nicht mehr geben. Entweder die Beziehung ist vorbei oder sie sollte in irgendeiner Form neu gegründet werden. Das gilt auch für kleine Verletzungen.

Wenn man aber die Information von der Bindungsverletzung vermittelt hat, ergibt es keinen Sinn mehr, jemandem etwas nachzutragen. Daher könnte man eine Verletzung zum Anlass nehmen, sie im Sinne der Selbstfürsorge nicht nachzutragen. Denn eine Verletzung nachzutragen ist eine große Last, die man sich ausschließlich selbst aufbürdet.

Im Übrigen hat es keinen Sinn, sich als blöd oder gescheit oder sonst wie einzuschätzen. Denn je mehr wir uns selbst definieren, desto anfälliger für Beleidigungen werden wir. Was man aber kann, ist, an seiner Feinfühligkeit, an seiner Intelligenz und an seiner Weisheit zu arbeiten. Damit gibt es nichts mehr zu verletzen und man müsste dem anderen vielleicht gar nicht mehr vergeben. Es gibt nichts zu vergeben.

# 23
# WARUM MÄNNER AUCH DANN IHRE SOCKEN HERUMLIEGEN LASSEN, WENN MAN SIE AUF DIESEN UNANGEMESSENEN ZUSTAND 35 JAHRE LANG TÄGLICH AUFMERKSAM MACHT

Ein verstorbener Freund von mir hatte große Probleme in seiner Ehe. Die Probleme kamen nicht zuletzt deswegen zustande, weil er eine sogenannte Außenbeziehung führte und seine Geliebte in aller Öffentlichkeit vorzeigte, wodurch er seine Frau zusätzlich beschämte. Ich wurde als psychologisch kompetenter Freund hinzugezogen, um zu helfen, und führte zwei freundschaftliche Gespräche mit dem Paar. Nachdem mein Freund zu diesem Zeitpunkt ohnehin den Zenit der Leidenschaft zu seiner Freundin überwunden hatte, gelang es mir trotz der Kränkung der Ehefrau mit Müh und Not, jene Ressourcen zu aktivieren, die dazu führten, dass das Paar wieder zusammenkam. Bis heute weiß ich nicht, ob es in diesem Fall nicht besser gewesen wäre, die beiden hätten sich getrennt. Denn wenn die Kränkung in einer Paarbeziehung allzu groß ist, ist die Fortsetzung der Beziehung oft nur eine Fortsetzung des Trauerspiels, die Tragödie verdichtet sich.

Mein Freund und seine Frau waren also zusammen und mussten trotz des immensen Vertrauensverlusts und vermutlich gegenseitiger Kränkungen versuchen, zu einer neuen Normalität zu finden. Es bestand Bedarf an Symbolen und Gesten, um die Versöhnung zu befördern. Kurz vor Weihnachten traf ich meinen Freund. Er war auf der Suche nach einem Geschenk für seine Frau, aber ihm fiel nichts ein (was an sich kein gutes Zeichen ist). Ich überlegte und sagte zu ihm:»Mach doch mit deiner Frau einen Tanzkurs. Da sie weiß, dass du ein notorischer Nichttänzer bist, würde sie dies als einen großen Liebesbeweis ansehen.« Ich bemerkte zusätzlich, dass er ihr ja sehr wehgetan habe und dass ein großes Geschenk in diesem Zusammenhang durchaus passend sei. Er fand meine Idee nicht schlecht und versprach darüber nachzudenken. Letztlich entschied er sich aber dagegen, wie ich nach Weihnachten, als ich ihn das nächste Mal wieder traf, feststellen konnte.

Warum hat dieser Freund die Gelegenheit verpasst, sich mit seiner Frau ein Stück zu versöhnen? Meine Vermutung ist, dass er sein Herz nicht liebend öffnen konnte. Die gegenseitigen Verletzungen in dieser Kampfbeziehung waren so groß, dass man sich hinter dem vermeintlichen Schutzwall des Egos versteckte und das gegenseitige Ausgeliefertsein, das mit der Liebe verbunden ist, nicht mehr riskieren wollte. Daher ist es in solchen Beziehungen nicht möglich, einander etwas zu schenken.

Wenn der Partner etwas von einem will, ist es eine Frage der Liebe, dem zu entsprechen. Vor allem sollte man dem entsprechen, wenn die Forderung berechtigt ist oder das Entsprechen des Wunsches zu einer Freude des anderen führt. Wer den anderen liebt, möchte ihn von sich aus immer erfreuen. Aus diesem Grund ist jeder Liebende ein Schenkender.

Aber in viele Beziehungen schleicht sich im Lauf der Zeit Lieblosigkeit ein. Lieblosigkeit ist nicht nur ein Trennungsgrund, es ist die Trennung der Liebenden. Sie kann sich auf viele Arten äußern, oft anhand von ganz banalen Dingen. Wenn man fünfunddreißig Jahre lang verheiratet ist und seine Socken noch immer herumliegen lässt, obwohl die Frau einen seit fünfunddreißig Jahren darum bittet, sie wegzuräumen, ist das nicht nur lieblos, sondern man hat irgendwie die Beziehung zur Partnerin verloren. Umgekehrt kann es auch ein Ausdruck der Beziehungslosigkeit sein, ständig etwas anzumahnen, ohne diese Ermahnungen in den Kontext der Wertschätzung zu stellen. Die paartherapeutische Forschung hat festgestellt, dass es gewöhnlich neun Wertschätzungen braucht (laut anderen Untersuchungen sind es fünf), damit ein Partner bereit ist, für den anderen sein Verhalten zu ändern. Warum ist das so?

Kritik an uns ist immer mit einer narzisstischen Kränkung verbunden. Sie führt zu Selbstbehauptung und verstärkter Sturheit. Je selbstsicherer ein Mensch ist, desto weniger Wertschätzung braucht er, um sich zu ändern. Denn je sicherer ein Mensch seiner Existenz ist, desto weniger Bejahung braucht er vom anderen, um sich für die Veränderung öffnen zu können.

*Wer den anderen liebt,*
*möchte ihn gern erfreuen.*
*Daher ist*
*jeder Liebende ein*
*Schenkender.*

Dahinter steht ein allgemeines psychologisches Prinzip: Die Modifikation der Gehirnfunktion jenseits der Kindheit und Jugend bedeutet immer das Risiko der Selbstaufgabe. Wenn man sich geliebt und geborgen fühlt, ist die Selbstaufgabe kein Risiko, weil man durch nichts bedroht ist. In einer lieblosen Beziehung sind Veränderungen jedoch nicht möglich; jeder schaut nur, wo er bleibt, um sich ja nicht selbst zu verlieren. Unter diesen Umständen hat eine Beziehung keinen Sinn.

Wenn also ein Mann fünfunddreißig Jahre lang seine Socken nicht wegräumt, wäre es sinnvoll, dass er endlich damit anfängt, und seine Frau könnte sich, statt das Wegräumen der Socken einzufordern, in Wertschätzung üben. Wenn beide diese Übungen gemacht haben, werden sie bemerken, dass eine neue Wärme und Liebe zwischen ihnen entsteht, die wohltuend ist und von ihnen in dieser Form schon lange nicht mehr erlebt wurde. Dieses Gefühl nennt man Intimität. Intimität ist die erfüllende Erfahrung von Berührung.

# 24
# WARUM FÜR EINE GELUNGENE BEZIEHUNG DAS AUSMASS DER LIEBE WENIGER WICHTIG IST ALS DIE FÄHIGKEIT ZUR KOMMUNIKATION

Die Liebe ist die Empfindung, mit einem anderen Menschen in Verbindung zu stehen. Die Verbundenheit, die durch die Liebe erfahrbar ist, ist erstaunlicherweise weitgehend unabhängig von dem Umstand, ob man den anderen Menschen gerade sympathisch oder unsympathisch findet.

In jeder länger dauernden Liebesbeziehung gibt es Phasen, in denen einem der andere unsympathisch ist. Ein krasses Beispiel sind jene Phasen in einer Beziehung, in denen einer den Partner betrügt. Der Betrug ist gewöhnlich ein derartiger Destabilisierungsfaktor, dass das gesamte Beziehungskonstrukt, so wie es vor dem Betrug bestand, ins Wanken gerät. Der Betrogene fühlt sich nicht nur hinsichtlich des Versprechens sexueller Treue, sondern hinsichtlich des gesamten Beziehungsgebäudes verletzt. Wird aus diesem Gebälk ein Stein gelöst, ist alles infrage gestellt. Das erklärt (teilweise) den großen Schmerz, den sexueller Betrug gewöhnlich auslöst. Paradoxerweise kann man gerade in so einer Situation eine besondere Liebe zum Partner spüren. Der Fremdgeher ist einem abgrundtief unsympathisch, doch man will ihn nicht verlieren, weil man ihn so liebt.

Die Liebe ist dem Wesen nach hilflos. Liebe greift nicht ein. Denn es sind die Emotionen, die uns motivieren einzugreifen, und Liebe ist kein Gefühl. Liebe macht deswegen so hilflos, weil wir alles Mögliche erleben oder tun können und ihr dennoch nicht entkommen. Die Liebe vergeht gewöhnlich nicht, man kann sie lediglich für sich selbst unspürbar beziehungsweise unsichtbar machen.

Viele Menschen haben in ihrem Leben eine große Liebe kennengelernt. In einer Partnerschaft erkennt man eine große Liebe daran, dass ein besonderer Gleichklang da ist. Diese Art von Seelenverwandtschaft macht eine große Liebe aus. Man will das Gleiche, man denkt das Gleiche, man fühlt das Gleiche, und wenn es nicht das Gleiche ist, glaubt man doch immer zu wissen, was der andere denkt, fühlt und tut. Diese Form von Beziehung ist für jeden Menschen eine fantastische Erfahrung. Letztlich sehnen wir uns alle danach. Ich habe einmal darüber ein Gedicht geschrieben:

Obwohl wir es nicht erwarten dürfen
Schön ist es doch
Im gleichen Moment loszulachen
Oder Tränen in den Augen zu haben
Sich beim gleichen Gedanken zu ertappen
Schön ist es doch.

Nur halten wir diese Form von Beziehung ganz schwer aus. Denn in solchen Beziehungen wird das Ego hintangestellt, es wird quasi von der Liebe überrumpelt. In einer großen Liebesbeziehung ist man gleichsam Wachs in den Händen des Lebens. Da ist den meisten von uns, ohne dass wir es uns eingestehen, doch ein Leben lieber, das keine so große Verbundenheit bietet.

Selbst eine Liebesbeziehung, die ihren Namen wirklich verdient, ist nicht vom Ego befreit; auch in solchen Beziehungen gibt es all das, was es in anderen Beziehungen gibt: Es gibt Einengung im Sinne von Klammern, es gibt Vernachlässigung, es gibt alle denkbaren Emotionen. Und egal wie groß die Liebe sein mag – wenn das Management des Egos (oder besser der beiden betroffenen Egos) in einer Beziehung nicht funktioniert, wird die Beziehung scheitern.

Um das eigene Ego zu managen, benötigt man zwei Grundkompetenzen. Die erste Grundkompetenz ist die Emotionsregulation. Eigenartigerweise glauben viele Menschen, dass Emotionen Naturgewalten sind, die über einen kommen und die man nicht regulieren kann. Das kann man maximal von Babys behaupten, die regelmäßig von ihren Emotionen überschwemmt werden. Doch schon Kleinkinder lernen, ihre emotionalen Impulse zu kontrollieren und nicht jedes Mal lautstark zu brüllen, wenn sie hungrig sind. Sogar mein Hund Camillo hat gelernt, Platz zu machen, bis ihm das Kommando »frei« signalisiert, dass er den Futternapf in Arbeit nehmen kann.

## In einer gelungenen Beziehung können wir wachsen.

Viele Menschen lassen ihrer Frustration und ihrem Ärger in partnerschaftlichen Beziehungen freien Lauf. Sie glauben wirklich, dass sie nur auf diese Weise authentisch sind, und es fällt ihnen nicht im Traum ein, dem Partner diese Emotionen nicht zuzumuten. Ganz anders schaut es gewöhnlich im beruflichen Alltag und am Arbeitsplatz aus. Wenn man sich über einen Kollegen oder gar einen Vorgesetzten ärgert, ist es sehr wohl möglich, den Ärger charmant wegzulächeln. Jeder von uns kennt die Situation, dass wir in bestimmten sozialen Kontexten den Ärger eine Weile herunterschlucken, bis wir irgendwann die Entscheidung treffen, ihn zu zeigen.

Selbst so leiblich orientierte Emotionen wie Ekel sind in Wahrheit kein Imperativ für unser Verhalten. Vor langer Zeit war ich einmal in Indien bei einer Familie von Brahmanen eingeladen. Zum Abschluss des Essens bekam ich eine Nachspeise serviert, die subjektiv für mich nach Erbrochenem schmeckte. Ich machte den Fehler, sie schnell hinunterzuschlingen, um möglichst wenig Geschmacksknospen mit der Nachspeise zu konfrontieren. Das stellte sich als ein großer Fehler heraus. Denn meine Gastgeber vermuteten hinter meinem Essverhalten, dass ich ein leidenschaftlicher Anhänger dieser Nachspeise sei. Es kam, wie es kommen musste – ich bekam einen großen Nachschlag. Den ließ ich auf dem Teller liegen, bis ich aufbrechen musste, und schluckte ihn dann, von innerem Ekel geplagt, möglichst zügig runter. Ich denke nicht, dass meine Gastgeber meinen Ekel vor dieser Speise bemerkt haben.

## *Emotionen sind keine Naturgewalten, die über uns kommen.*

Wir können also Emotionen kontrollieren, wenn wir nur wollen. Eigenartigerweise tun wir das gewöhnlich überall, nur leider häufig nicht in Partnerschaften. Dieser Umstand erweist sich als sehr destruktiv; damit machen wir uns selbst und den anderen unglücklich.

Der zweite Weg zum Egomanagement ist die Kommunikation. Mit den eigenen Gefühlen, Werten, Gedanken und Handlungen adäquat umzugehen, bedeutet in einer Beziehung auch, dass wir sie adäquat kommunizieren können. Adäquate Kommunikation bedeutet, dass wir einander zuhören, dass wir einander verstehen, dass wir einander nicht manipulieren, sondern uns vom anderen beeindrucken und berühren lassen. Somit ist adäquate Kommunikation ein wesentlicher Faktor, um eine gelungene Beziehung zu führen. Eine gelungene Beziehung ist eine, in der wir wachsen können. Nicht nur wir und unser Partner wachsen in einer solchen Beziehung, sondern auch die Beziehung wächst. Sie entwickelt sich in einer Dimension, die wir uns vorher nicht hätten vorstellen können. Entwicklung heißt, in die eigene Größe hineinzuwachsen. Da wir nicht ahnen können, wie groß wir wirklich sind, bedeutet in die eigene Größe hineinzuwachsen im Grunde immer über sich hinauszuwachsen.

# 25
# WARUM BEZIEHUNGEN NACH DEM ERSTEN SEX NICHT MEHR DIE GLEICHEN SIND

Ich kenne die meisten Politiker aus dem Fernsehen. Sie sind mir entweder sympathisch oder unsympathisch, manchmal auch gleichgültig. So geht es wahrscheinlich den meisten von uns. Wir haben erstaunlicherweise nicht selten zu Menschen und Dingen, die wir kaum kennen, eine Meinung. Vor allem haben wir dann eine Meinung, wenn es Menschen und Dinge sind, die in irgendeiner Weise mit uns zu tun haben und uns beeinflussen (auf diese Weise bewahren wir uns die Illusion, entgegenhalten zu können, und fühlen uns weniger hilflos).

Wenn man einen Politiker kennenlernt, der einem unsympathisch war, kann man im Gespräch mit ihm erleben, dass sich die eigene Haltung ändert. Das spricht dafür, dass die Antipathie einem Politiker gegenüber in erster Linie ein Selbstbehauptungsversuch angesichts dessen ist, dass dieser nicht als Identifikationsfigur zur Verfügung steht. In der unmittelbaren Begegnung spürt man dann, ob er sich einem zuwendet oder nicht. Im Falle einer ehrlichen Zuwendung erlebt man sehr positive Gefühle ihm gegenüber. Umgekehrt ist es, wenn man den Politiker in der persönlichen Begegnung als überheblich empfindet oder er Dinge sagt, die dem eigenen Selbstkonzept widersprechen. In unserer kleinen Welt sind die Dinge dann in Ordnung, wenn die anderen so denken, fühlen und handeln, wie wir denken, fühlen und handeln. Die persönliche Begegnung mit einem Politiker führt also entweder dazu, dass sich die eigene Meinung verfestigt, oder dazu, dass sich die Beziehung zu dieser Person wandelt.

Was hat all das nun mit Sexualität zu tun? Generell ist zu bemerken, dass um Sexualität viel zu viel Wind gemacht wird. Sicher hat sie für uns Menschen eine große Bedeutung, nicht zuletzt ist sie eine bewährte Methode, um unsere Art zu erhalten. Doch auf der anderen Seite ist sie überbewertet, da sie ist nichts anderes als eine Kommunikationsmöglichkeit ist. Durch die Kombination von leiblichen und mentalen Erfahrungen kann sie allerdings eine Intensität entwickeln, die andere Kommunikationsformen nicht so leicht erreichen. Kommunikation ist die einzige Möglichkeit, sich und andere kennenzulernen, und Sexualität ermöglicht eine Perspektive auf einen anderen Menschen, die einem sonst verborgen bleibt.

*Sexualität verbindet leibliche und mentale Erfahrungen und ist daher besonders intensiv.*

Daher ist es eine gängige Erfahrung, dass gemeinsame Sexualität die Beziehung zum Gegenüber klärt. Entweder man fühlt sich anschließend stärker an den anderen gebunden oder man erkennt, dass dieser Mensch nicht ganz der richtige für einen ist. Die Bindungserfahrung aufgrund von sexuellen Begegnungen kann durchaus eine Art Abhängigkeit erzeugen. Das ist der Grund, warum offene Beziehungen und Polyamorie mit ihrem Versprechen von Ehrlichkeit und Bedürfnisorientierung schöner klingen als sie es in aller Regel sind.

Der theoretischen Grundlage für offene Beziehungen ist eigentlich nichts entgegenzuhalten. Denn wer würde schon, nur weil er verheiratet ist, darauf verzichten, schöne, innige und intime Gespräche mit jemand anderem zu führen? Oder kann man, weil man einen fixen Partner hat, nicht mehr mit einem anderen Menschen essen gehen? Gemeinsam essen und sprechen sind Kommunikationsarten wie Sexualität auch. So klingt die Behauptung nicht abwegig, dass das Monogamiegebot etwas Repressives darstellt, dem wir uns nicht unbedacht und automatisch unterwerfen sollten.

## *Dem Leben ganzheitlich zu begegnen ist der größte Luxus.*

In der Realität kommt es in polyamourösen Beziehungen jedoch nicht selten zu schweren Frustrationen, die als Grundlage eine Art Eifersucht aufweisen. Das scheint mir nicht bloß ein Ausdruck reaktionärer Rückständigkeit zu sein. Es ist für uns Menschen nicht einfach, das Bewusstsein der eigenen Einzigartigkeit und Besonderheit (sprich: die liebende Identität) aufrechtzuerhalten, wenn ein Liebespartner verbindliche sexuelle Bindungen zu anderen Menschen aufrechterhält. Die daraus resultierende Identitätskrise erzeugt immenses Leiden, das von der Tatsache befördert wird, dass man damit vermeintlich die polyamouröse Vereinbarung, die man selbst abgeschlossen hat, verletzt. Die Vereinbarung in offenen Beziehungen besagt, dass man sich und dem anderen sexuelle Beziehungen gönnt und dies dem Partner nicht vorwirft, geschweige denn ihm Schuldgefühle macht. Es ist schlimm, gleichzeitig verzweifelt zu sein und sich dafür auch noch schuldig fühlen zu müssen! Aber die Sexualität ist eben nicht irgendeine Kommunikationsform, sondern eine, die uns anders als andere Kommunikationsformen berührt und in unseren Grundfesten erschüttern kann.

Polyamouröse Beziehungen bergen somit bei aller Aufgeklärtheit eigene Gefahren. Der Mangel an Ganzheitlichkeit, den wir damit einkaufen, ist keinesfalls ein Gewinn, sondern eher ein Verlust an Lebensfülle. Als Therapeut habe ich die Erfahrung gemacht, dass Menschen, die sich nolens volens in eine solche Spaltung in ihrem Leben hineinbegeben haben, Ängste haben, dieses dissoziative Bewältigungsmodell ihres Lebens aufzugeben, auch wenn sie spüren, dass es ihnen dabei nicht gut geht. Dabei gibt es keinen größeren Luxus, als es sich leisten zu können, dem Leben ganzheitlich zu begegnen, immer als Subjekt im Leben zu stehen.

# 26
# WARUM MAN ALS MANN NIEMALS DIE SCHÖNSTE FRAU, SONDERN DIE SCHÖNSTE, DIE EINEN HABEN WILL, EROBERN SOLLTE

Zwei Männer, die ich kenne, sind begabte Womanizer. Mittlerweile sind etwas in die Jahre gekommen und gehen es ruhiger an (ungern, aber die Natur zwingt sie). Das Interessante an ihnen ist, dass sie unterschiedliche Methoden gewählt haben, um Frauen zu erobern. Beide sind verheiratet, und zwar mehrmals. Beide scheinen die Freude an ihren Affären durch die Tatsache zu optimieren, dass sie ihre Frauen dabei betrügen.

Vom ersten Mann berichteten mir zwei seiner Affären, wie er sie erobert hatte. Gleich zu Beginn der Bekanntschaft konfrontierte er die Frauen (man ist geneigt zu sagen: seine Opfer) mit dem Wunsch, Sex mit ihnen zu haben. Als ich erstmals davon erfuhr, kam mir das ganz befremdlich vor. Ich hatte die Vorstellung, dass die Frage nach gemeinsamer Sexualität nicht in einen beziehungslosen Raum zwischen einem Mann und einer Frau hineingestellt werden kann. Aber es funktioniert. Allerdings natürlich nicht immer, aber erstaunlich oft. Auch meine Ex-Frau hat er eines Tages gefragt, ob sie nicht mit ihm schlafen wolle, sie allerdings lehnte ab (zumindest wurde es mir so berichtet).

Die Methode eines Mannes, beziehungslos nach Sex zu fragen, ist also offensichtlich nicht so unerfolgreich, wie ich mir das ursprünglich vorgestellt habe. Denn eines Tages saß ich mit drei ärztlichen Kolleginnen und Kollegen zusammen, die von einem Chirurgen erzählten. Sie sprachen unter anderem darüber, dass er sieben Kinder habe, und zwar mit sieben unterschiedlichen Frauen. Ich fragte die Runde, was diesen Mann ausmache, das ich nicht habe. Eine Kollegin erzählte, sie habe mit dem Chirurgen auf einer Station gearbeitet. Er war Nebenerwerbsbauer mit einer Spezialisierung auf Rinderzucht und roch daher gewöhnlich berufsbedingt ein wenig nach Kuhstall. Seine Sprache war etwas verwaschen, denn er nuschelte. Auch sonst sei er nicht attraktiv gewesen. Aber nachdem sie vierzehn Tage auf der Station gewesen war, flüsterte er ihr bei einer Visite ins Ohr:»Willst du nicht mit mir schlafen?« Sie verzichtete, aber offensichtlich wirkte seine überraschende Suggestivfrage bei einigen Damen doch. Zumindest hatte er es mit dieser Methode auf sieben Kinder gebracht.

## Eroberung ist ein Fake, aber ein notwendiges Ritual.

Zurück zu meinem ersten Bekannten. Immer klappte es mit der Ad-hoc-Methode natürlich nicht. Mehrere Damen, die mit ihm eine Affäre gehabt hatten, berichteten, dass er im Falle dessen, dass die zu erobernde Frau nicht sofort zustimmte, aber offensichtlich auch nicht ganz abgeneigt war, folgende Strategie fuhr: Er bediente mit Vollgas ihre narzisstischen Defizite. Das bedeutete konkret, dass er seine Ehefrau und alle anderen Frauen abwertete und der zu erobernden Frau vermittelte, sie sei die schönste, beste und großartigste Frau auf der Welt. Er hatte intuitiv ein Gefühl dafür, was die Frauen gerne hören wollten.

Wenn wir unsere narzisstischen Defizite kompensiert bekommen, geraten wir leicht in Abhängigkeit. Das ist auch der

Mechanismus, wie Suchtmittel wirken. Wenn ein problembehafteter Mensch Heroin spritzt, ist die Welt für die Zeit der Wirkung vollkommen in Ordnung. Suchtmittel haben für Anfällige einen unwiderstehlichen Charme. Wenn man Alkohol trinkt, engt sich die Wahrnehmung auf schöne Dinge ein und man vergisst die Schattenseiten seines Lebens. Abhängigkeit entsteht, indem man sich daran gewöhnt, der Verheißung eines schöneren Lebens nachzurennen. Eigentlich werden wir immer nur durch Verheißungen und nicht durch Erfüllung süchtig. Verführer können perfekt verheißen und müssen dann nicht liefern. Die Frau bleibt an seinem Nasenring, auch wenn er sie nach kurzer Zeit frustriert. Eine solche Verführerexistenz erfordert die Fähigkeit, die vermeintlich sehnsüchtig begehrten Damen so zu betrügen und anzulügen, dass sie der Lüge aufsitzen. Diese Energie bringt nicht jeder auf.

*Respekt vor einer Frau beginnt damit, dass man als Mann akzeptiert, ob sie einen haben will oder nicht.*

Der andere Mann, der ebenfalls sehr erfolgreich im »Aufreißen« von Damen ist, hatte sich auf eine andere Methode spezialisiert. Er konzentrierte sich auf Signale, die ihm vermittelten, dass eine Frau bereit wäre, mit ihm Sex zu haben. Und wenn diese Dame das signalisiert hatte, trat er ihr mit minimalen Bewegungen näher und schon hatte er sie. Er nutzte quasi die intrinsische Bedürftigkeit der Frau aus, um sie zu erobern. Dieser Mann hatte mehr Trophäen an seinem Hut als der andere, und das will was heißen. Ungeachtet der moralischen Dimension ist sein Vorgehen nachgerade genial.

Als ich ein junger Mann war, wollte ich – wie einige meiner Freunde – eine Freundin haben. Ich versuchte Frauen zu erobern und dachte, das ginge so: Man sucht sich eine attraktive Dame aus, eine, die einem gefällt, und dann gibt man ein wenig an, macht der Erwählten Komplimente und kleine Geschenke. Ich war gelinde gesagt sehr unerfolgreich. Mit der Zeit verstand ich, woran es lag.

Normalerweise suchen bei den Homo sapiens die Frauen die Männer aus und ermöglichen ihnen, sie zu erobern. Normalerweise, wohlgesagt. Die Eroberung ist, abgesehen von der manipulativen Art des ersten meiner Fallbeispiele, ein Fake. Sie ist nichts weiter als ein Ritual, das notwendig ist, damit die Frau nicht nur den Mann aussucht, sondern sich auch sicher ist, dass er jener Held ist, der sich um sie bemüht.

Als ich dieses Prinzip später in meinem Leben verstanden hatte, suchte ich mir nie mehr die Schönste aus, sondern suchte mir unter den Frauen, die mich haben wollten, die schönste aus. Die war dann stets zauberhaft. Vor allem war das Erobern ab dann nicht mehr anstrengend und frustrierend. Die Frau für mich zu gewinnen wurde zum Selbstläufer. Dafür musste ich bloß meine Aufmerksamkeit von mir auf die Frauen lenken. Ich schaute nicht mehr, welche mir am besten gefiel (eine etwas narzisstisch anmutende Übung), sondern achtete auf entsprechende Zeichen seitens der Damen (das sprichwörtliche Taschentuch, das fallen gelassen wird).

Ich lernte, dass der Respekt vor einer Frau damit beginnt, dass man akzeptiert, ob sie einen haben will oder nicht. Die Freiheit des Mannes besteht darin, sich diesem Wunsch zu entziehen oder ihm zu entsprechen.

Die Beziehung zwischen Mann und Frau ist von der Metapher der Begegnung von Penis und Vagina geprägt. In der sexuellen Begegnung dringt der Mann in die Frau ein. Diese Tatsache führt dazu, dass Frauen immer gern kontrollieren, was mit ihnen passiert, nicht nur körperlich. Entsprechend schätzen sie es gewöhnlich sehr, wenn sie nicht manipulativ zu einer Partnerschaft überredet werden sollen, sondern wenn sie erkennen, dass der Mann, den sie attraktiv finden und für sich ausgesucht haben, seinerseits verstanden hat, dass sie ihn haben wollen. Übrigens gilt dasselbe Prinzip für längere Beziehungen. Auch hier sollte man darauf achten, ob einen die oder der andere noch haben will. Viele Menschen beachten das nicht, zumal sie sich in fixen Beziehungen sicher fühlen. Dabei kann man gerade in solchen Beziehungen beobachten, dass das Interesse der Frauen erlahmt und Männer sich nicht mehr um die Frauen kümmern. Im Endeffekt geht es immer darum: Willst du oder willst du nicht? Der Bindungswille ist in Beziehungen nicht automatisierbar, er ist etwas, das ständig abgerufen werden muss. Ansonsten sind Beziehungen krank. Die unbehandelte Krankheit führt zum Tod, so traurig das ist.

# 27
# WARUM SICH FRAUEN NICHT VON NARZISSTISCHEN MÄNNERN TRENNEN KÖNNEN, OBWOHL DIE BEZIEHUNG SIE ZERSTÖRT

Narzissmus entsteht aus Mangel an Liebe. Man kann sich das so vorstellen: Ein Kind, das sich nach Liebe sehnt, wird mit materiellen Dingen abgespeist und auf diese Weise korrumpiert. Es ist daher nicht imstande zu spüren, dass ihm Liebe fehlt. Liebe ist die Erfahrung von Verbundenheit, die uns im Leben hält und stützt. Wenn wir uns geliebt wissen, fehlt uns quasi nichts, auch wenn vieles andere fehlt. Das andere fehlt dann eben nur scheinbar. Eine arme Familie, in der sich die einzelnen Familienmitglieder geliebt fühlen, hat das Paradies auf Erden im Vergleich zu einer Millionärsfamilie, in der es jedem nur um sich selbst geht. In dieser geht es vielleicht in erster Linie darum, aus dem Kind einen Star zu machen, um die eigene narzisstische Energie (im Sinne der Erweiterung des eigenen Selbst) zu steigern. Solcherart werden Kinder missbraucht, oft ohne es sich ein Leben lang eingestehen zu können.

Wenn also ein Kind in einer unlebendigen (oder pseudolebendigen) Atmosphäre aufwächst, quasi in einer lieblosen Wüste, dann verwechselt es unbewusst liebevolle Zuwendung mit seinem Ersatzmittel, der materiellen Fülle. Trotzdem bleibt eine gewisse Unzufriedenheit und Frustration in solchen Menschen. Sie können von dem Ersatzmittel nicht genug kriegen. Diese Erlebens- und Verhaltensweise nennt man Gier. Natürlich sind sie das Opfer der Verwechslung von Liebe und materiellem Besitz. Es bleibt ein magisches Geheimnis, das sie selbst nicht zu entschlüsseln imstande sind.

Angesichts dessen, dass diese Situation sehr häufig vorkommt, erstaunt es, wie wenig Einsicht die Betroffenen haben und wie wenig sie die Lächerlichkeit ihrer Lebensführung erfassen können. Weiterhin ist es erstaunlich, dass Menschen, die Opfer ihrer eigenen Gier geworden und deshalb reich oder mächtig geworden sind, allein aufgrund dieses Umstands in der Gesellschaft viel Ehre und Respekt erfahren. Daran merkt man, dass wir alle in gewisser Weise Opfer dieser lächerlichen Verwechslung geworden sind.

## Narzissten fordern die Befürwortung ihrer Person unerbittlich ein.

Weitere Möglichkeiten, die neben materieller Verwöhnung die Lieblosigkeit einer Beziehung kaschieren können, sind Bewunderung und Machtzuschreibung. In meiner weiteren Familie gibt es einen sehr begüterten Zweig, der von einem Patriarchen gegründet wurde, der weitgehend liebesunfähig war. Seinen Sohn hat er stattdessen (in typisch narzisstischer Manier) vergöttert. Dieser ist auch nach dem Tod seines Vaters ein Opfer der Vergötterung, indem er seine fremdidentitäre göttliche Identität hochhält wie eine Monstranz bei einer feierlichen Fronleichnamsprozession. Denn sie ist bis heute jener Wert in seinem Leben, der ihn scheinbar vor der Erfahrung der Kälte eines lieblosen Lebens abschirmt.

Narzisstische Menschen sind unerbittlich im Einfordern der Befürwortung ihrer Person. Sie wirken extrem autonom, sind in

Wahrheit aber in unfassbarer Weise abhängig von der Zustimmung ihrer Umgebung. Unbewusst wissen sie das. Daher sind sie konsequente Hüter der Abhängigkeit ihrer Bezugspersonen.

Es gibt zahlreiche Frauen, die unter einem mangelnden Selbstbild leiden, oft bereits von ihrer Mutter und deren Müttern entwickelt und gepflegt. (Es ist nun einmal so, dass in einer patriarchalischen Ordnung, deren Verfechter nicht nur Männer, sondern auch Frauen sind, eine Geschlechterhierarchie existiert, die Frauen entwürdigt.) Solchermaßen selbstwertbeschädigte Frauen werden von narzisstischen Männern magisch angezogen.

## In manchen Beziehungen werden Glanz und Selbstwert delegiert.

Es ist nicht ganz leicht zu erklären, wie das funktioniert, aber es scheint in Beziehungen so zu sein, dass man Glanz und Selbstwert delegieren kann. Das gilt übrigens nicht nur für diese Wesenszüge, sondern ist auch bei anderen Eigenschaften wie zum Beispiel Eifersucht schön zu erkennen. Solches Delegieren gibt es insbesondere in Beziehungen von Frauen mit narzisstischen Männern und seltener – aber aus meiner Erfahrung immer häufiger – auch vice versa. Wobei der hohe Selbstwert wie oben erwähnt nur ein Pseudoselbstwert ist. In diesen Beziehungen genügt es dem narzisstischen Partner gewöhnlich nicht, von anderen bewundert zu werden, zumindest nicht auf Dauer. Sukzessive beginnt er, sein Gegenüber abzuwerten, um sich auf diese Weise selbst zu erhöhen.

Damit beginnt ein Teufelskreis: Der abgewertete Partner kommt anfangs nicht aus dem Bewunderungsmodus heraus und hat daher nicht die Kraft, sich gegen die Abwertung zu wehren – nicht zuletzt deshalb, weil er seinen Selbstwert ohnehin als wesentlich geringer einschätzt als den Wert des anderen.

Die ständige Verneinung führt dazu, dass das präformierte Nein des Partners, des Narzissten, immer stärker wird. Solche Menschen verwelken. Sie werden graue Mäuse und trauen sich immer weniger, sich gegen den Narzissten aufzulehnen. Ihre Angst speist sich nicht zuletzt aus der Angst vor Einsamkeit. Sie glauben nämlich eigentlich, dass sie aufgrund ihrer erlebten Unattraktivität, die natürlich eine Fiktion ist, nie einen anderen Partner finden würden. Wenn sie ihre missliche Lage verstehen, planen sie ambivalente Ausbruchsversuche, die aber von ihrem Partner radikal beendet werden. Solche Beziehungen sind Tragödien, die irgendwie den Geruch des Todes in sich bergen.

# 28
# WARUM MAN SICH MEISTENS VORSCHNELL VERSÖHNT UND DAMIT DIE NÄCHSTE KRÄNKUNG PROGRAMMIERT

Gegenseitige Verletzungen und Kränkungen sind, wie wir schon mehrmals bemerkt haben, in Beziehungen unvermeidlich. Die Nähe, die notwendig ist, um zueinander Ja zu sagen, bedingt gleichsam als unvermeidliche Nebenwirkung die große Verletzungsgefahr. Am Anfang von Beziehungen ist man (vor allem als Frau) geneigt, Kränkungen und Verletzungen zugunsten des »Friedens« zu übergehen. Diese schön aussehende Neigung hat unabsehbare negative Auswirkungen, denn die Kränkungen bleiben innerlich im Gedächtnis und sammeln sich an, bis sie eruptiv zum Ausdruck kommen. Die Wahrscheinlichkeit, im Rahmen solcher Explosionen etwas verstehen und gar lösen zu können, ist sehr gering. Die emotionale Reaktion hat etwas Destruktives.

Allerdings tritt selbst bei großen Verletzungen nach einer gewissen Zeit der Empörung, der Trauer oder der Wut nicht selten der Wunsch in den Vordergrund, doch zusammen zu sein. Die Gründe können vielfältig sein: Liebe, soziale und ökonomische Interessen, Angst vor dem Alleinsein und vieles mehr. Der Wunsch nach Rekonstruktion einer Beziehung, die in ihren Grundfesten erschüttert ist (die Grundfesten einer Beziehung sind gleichbedeutend mit Vertrauen), führt zu einer eigenartigen Reaktion, die man in vielen Beziehungen beobachten kann: Man versöhnt sich mit dem Partner, ohne ihm vergeben zu haben.

Vergebung bedeutet, einem anderen keine Schuld mehr zuzusprechen. Schuld ist das Gefühl, das wir haben, wenn wir der Gemeinschaft in irgendeiner Weise untreu geworden sind. Wenn man beispielsweise während einer aufrechten Beziehung andere attraktive Menschen datet, widerspricht das möglicherweise der Vereinbarung, die man in der Beziehung getroffen hat. Folglich empfindet man dabei Schuld. Das Schuldgefühl sagt dem, der es hat, dass er durch seine Handlung in seiner Gemeinschaft in Misskredit geraten oder im Extremfall aus der Gemeinschaft hinauskomplimentiert werden könnte. Das macht Angst. Das Schuldgefühl ist eine besondere Art von Angst, nichts anderes. Wenn man einem anderen Menschen vergibt, der an einem schuldig geworden ist, erlässt man ihm die Schuld. Das bedeutet nicht, dass dieser andere sich nicht mehr schuldig fühlt – er kann sich immer noch vor sich selbst schuldig fühlen. Aber wegen der Person, die ihm die Schuld erlassen hat, braucht er sich nicht mehr schuldig zu fühlen.

Die Kunst der Vergebung basiert auf dem Verständnis, dass kein Mensch deswegen auf der Welt ist, um unseren Vorstellungen zu entsprechen. Vergebung impliziert auch die Verpflichtung, dass wir angesichts der Verletzung, die der Vergebung vorangegangen ist, unsere Vorstellung von der Welt verändern. Jede Verletzung und Kränkung sollte eine Einsicht bewirken, die zu einer erweiterten Weltsicht führt.

Falls diese Einsicht resignative oder verbitterte Züge trägt, ist sie falsch. Dann haben wir noch nicht gelernt, was wir durch die Verletzung lernen sollten. Enttäuschung heißt, dass man endlich am Ende der Täuschung angelangt ist. Daher sind Enttäuschungen in Wahrheit extrem positive und konstruktive Erfahrungen. Wenn man das so sieht, ist für Verbitterung und Resignation kein Platz. Trotzdem – um es noch einmal zu betonen – ist es absolut notwendig, dass die Beziehung nach einer Kränkung eine andere, vielmehr eine neue ist.

Vergebung hat interessanterweise nichts mit Versöhnung zu

tun. Versöhnung bedeutet, dass man sich nach einer Verletzung oder einer Kränkung auf ein neues Bewusstseinsniveau begeben hat. Man hat sich gegenseitig entschuldigt, hat symbolisch und authentisch Schuldabgleich betrieben und kann sich dadurch aufs Neue auf den anderen einlassen. Eine Versöhnung bedeutet keinesfalls, eine Beziehung wiederaufzunehmen, sondern sie neu beginnen zu lassen.

## Versöhnung ist immer ein unverdientes Geschenk.

Jede Kränkung in einer Beziehung hat eine übergeordnete Bedeutung, die mehr ist als das, was die Kränkung vordergründig zum Ausdruck bringt. Unlängst kam ein Paar zu mir, das sich nach vielen Jahren getrennt hat, weil sie draufgekommen war, dass er mittels einer Internetsuchmaschine seit einem Jahr Frauen gesucht und gedatet hatte. Daraufhin hat sie ihn verlassen. Sie konnte ihn aber nicht vergessen, und so kam das Paar zu mir. Nun liegt die Schuld natürlich beim untreuen Partner, aber das Symbol, das diese Handlung in der Beziehung darstellt, weist weit über die Untreue hinaus: Er fühlte sich der Frau ständig unterlegen, hatte aber nie den Mut, das zu artikulieren. Seine Untreue war der hilflose Emanzipationsversuch eines Menschen, der einen Machtanspruch in einer Beziehung stellen möchte, zu dem er aber nicht den Mut hat. So ruinierte er seine Beziehung und war darüber untröstlich. Eine Versöhnung bei diesem Paar müsste zu einer Reflexion beider Partner führen, welchen Anteil sie an der Verwerfung der Beziehung haben, die schon vor dem die Trennung auslösenden Ereignis stattgefunden hat. Wenn jeder von ihnen die Betroffenheit über die eigene Verantwortungslosigkeit zulässt, ist es möglich, die Beziehung neu zu begründen. Wenn man aber aus Angst vor

Einsamkeit, aus Sehnsucht nach dem anderen oder aus sonstigen Gründen die Beziehung wieder aufnimmt, ohne den Versöhnungsprozess wirklich zu durchleben, wird sie mit einer gewissen Sicherheit wieder scheitern.

Versöhnung ist ein Prozess, der mit Vergebung sehr wenig zu tun hat. Versöhnung ist eine zutiefst kommunikative Angelegenheit. Und da man sich nicht allein versöhnen kann, ist es notwendig, auf den langsameren Partner zu warten, wenn man sich versöhnen will. Der Schriftsteller und Nobelpreisträger Peter Handke hat einmal gesagt: »Es gibt keine Lösung außer die der Geduld.« Da hat er zweifelsohne recht. Versöhnung ist etwas, das man nicht erzeugen kann. Sie ist immer ein unverdientes Geschenk und daher ein Quell großer Freude, eigentlich ein Anlass für ein Fest.

# 29
# WARUM MAN
# LIEBESBEZIEHUNGEN
# NICHT PFLEGEN MUSS

Liebesbeziehungen werden romantisch verklärt. Das ist verständlich, weil sie unter anderem der Ort großer Gefühle sind. Interessanterweise trägt die Liebe aber kaum etwas dazu bei, denn die Liebe ist kein Gefühl. Das Gefühl tiefster Verbundenheit während der Verliebtheit hat nichts mit Liebe zu tun. Auch Liebe vermittelt Verbundenheit, allerdings auf einfache und sehr stille Weise. Liebesbeziehungen gibt es auch außerhalb von partnerschaftlichen Strukturen. Jede wahre Freundschaft ist eine Liebesbeziehung. Es gibt sogar Liebesbeziehungen zu Menschen, mit denen man per Sie ist und die man nur aus geschäftlichem Kontext kennt, schlicht und ergreifend deshalb, weil man zu ihnen eine Herzensbindung erlebt.

Nun habe ich feststellen können, dass mir Freunde, die ich als wirkliche Freunde bezeichne, nicht fremder geworden sind, auch wenn ich sie erst nach einem oder zwei Jahren wiedersehe (unlängst habe ich einen Freund nach sage und schreibe vierzig Jahren wiedergetroffen). Das Ausmaß der Intimität ist diesen Menschen gegenüber immer das gleiche. Wir treffen uns so, als ob wir uns gerade eben verabschiedet hätten. Im gleichen Sinne kennt die Verbundenheit, die mit dem Wort Liebe gemeint ist, keine Abnutzungserscheinungen.

Ganz anders geht es mir mit Bekannten. Bekanntschaften muss man pflegen, sonst hat man sie verloren und kann sie dann nicht mehr zum sozialen Vorteil nutzen (dafür hat man sie ja). In Bekanntschaften ist Geben und Nehmen extrem wichtig. Wer nicht gibt, bekommt auch nicht. In Freundschaften (als Liebesbeziehungen verstanden) spielt Geben und Nehmen so gut wie keine Rolle. Man ist zu Recht zuversichtlich, »auf seine Kosten« zu kommen, auch wenn man immer der Gebende ist. Im Prinzip ist in Liebesbeziehungen schon alles erfüllt und es muss in Wahrheit gar nichts mehr sein. Daher sind Liebesbeziehungen eine schöne Grundlage für eine gelungene partnerschaftliche Beziehung. Denn in Liebesbeziehungen wird nichts aufgerechnet. Muss man daher eine partnerschaftliche Beziehung nicht pflegen? Natürlich muss man. Denn in Partnerschaften geht es nicht nur um Liebe, sondern auch um die Etablierung einer gemeinsamen Lebenswelt. Man muss Räume für die Beziehung identifizieren, entdecken und kultivieren. Ohne diese Räume gibt es keine Partnerschaft. Der Anspruch an Partnerschaften ist ja nicht nur, einander zu lieben, sondern ein gemeinsames Leben zu führen und sich und den anderen wachsen zu lassen. Zu diesem Zweck muss man Zeit miteinander verbringen. Zeit ist eine Form von Raum, daher spricht man von Zeitraum. Liebesbeziehungen harren darauf, kultiviert zu werden.

Ein Freund von mir ist ein sehr funktioneller, perfektionistischer Mensch (ein typischer erfolgreicher Manager). Er hat vier Kinder und stellt sich das Vatersein so vor, dass er mit den Kindern etwas unternimmt. Jeden Monat verbringt er überdies ein Wochenende mit einem Kind. Als er mir das erzählte, bin ich erschrocken. Ich schlug ihm vor, den Kindern und sich selbst um Gottes willen Ruhe zu gönnen. Beziehungen können sich nämlich am besten entfalten, wenn sie in einem undefinierten Raum stattfinden. Wenn man zum Beispiel mit seinem halbwüchsigen Kind in Beziehung bleiben will, ist es nützlich, quasi einen »Open Space« zu etablieren, in dem die Beziehung stattfinden kann (oder leider eben nicht). Beabsichtigten Gesprächen mangelt es meist an Intimität.

Bekommt ein Paar im Laufe der Beziehung sexuelle Probleme, sind meistens die Außenaktivitäten mit schuld. Wenn man sehr viel Zeit für andere Dinge aufwenden muss (Beruf, Kinder etc.), hat man meist wenig Zeit für- und miteinander. Dann kommt es vor, dass mit der Zeit die Sexualität verebbt. In dem Fall ist es hilfreich, den Sex nicht auf Samstagvormittag oder Sonntagabend zu terminieren, weil angesagter Sex nicht lustvoll ist. Aber man kann sich mehrmals die Woche nackt nebeneinander hinlegen und schauen, was passiert. Manchmal wird etwas passieren, manchmal wird nichts passieren, manchmal wird viel passieren. Am schrecklichsten ist es, wenn nichts passieren kann.

## *Eine Beziehung braucht in erster Linie Zeit und Raum.*

Wir müssen also nicht die Liebe pflegen, sondern die Beziehung. Wir müssen nicht an unserer Intimität arbeiten, sondern unserer Beziehung den Raum geben, dass sie werden kann, was sie in sich birgt. Wenn man ein Buch schreiben will, braucht man dazu – sagen wir einmal – 250 Stunden. Aber egal ob ich fantastische Ideen habe, ein wunderbarer Formulierer bin und das beste Buch der Welt schreiben könnte – es wird sich nicht von selbst schreiben! Die 250 Stunden sind unverzichtbar. Auch eine Beziehung braucht Stunden. Wenn man alles wichtiger nimmt als die Beziehung, weil man glaubt, alles andere pflegen zu müssen, damit es wird, was es werden soll, dann wird die Beziehung früher oder später außer aus Liebe nicht mehr bestehen. Doch eine Beziehung, die ausschließlich aus Liebe besteht, ist keine lebbare Beziehung. Das ist eine Beziehung, wie sie vielleicht Gott zu einem hat – wenn er existiert. Gott ist ein Beziehungsangebot, daher greift er nicht ein. Ich kann noch so viele Gebete gen Himmel schicken und ihn zum Beispiel bitten, dass er mich in die Zukunft führt, es wird nichts helfen. Eine Beziehung, die nur als Beziehungsangebot besteht, ist im menschlichen Sinn keine Beziehung. Es genügt, wenn man es will und kann, eine solche Beziehung zu Gott zu haben, zu Menschen geht es auf diese Weise nicht.

Die Liebesbeziehung als solche ist also nicht zu pflegen. Das weiß man, wenn man eine echte Liebesbeziehung hatte und sich getrennt hat, weil man erkannt hat, dass man nicht zusammenpasst. Trifft man sich dann nach zwanzig Jahren wieder, ist die Innigkeit noch die gleiche. Aber eine gelingende Beziehung zu führen, kostet viel Mühe. Das nennt man Beziehungsarbeit.

# 30
# WARUM KINDER DEN ULTIMATIVEN HÄRTETEST VON BEZIEHUNGEN DARSTELLEN

Wissenschaftliche Untersuchungen zeigen, dass kein Faktor so gefährlich für den Bestand von partnerschaftlichen Beziehungen ist wie die Tatsache, Kinder zu haben. Am Faktor Kinder scheitern die meisten Ehen (es können allerdings auch berufliche Ambitionen sein oder aufwendige Haustiere). Das steht im Widerspruch zu landläufigen Vorstellungen, dass Kinder ein elementares Bindeglied für Beziehungen darstellen. Zweifelsohne sind Kinder ein wichtiges Argument, nicht aus einer Beziehung auszusteigen; viele Menschen geben an, aufgrund der Kinder ihre Beziehung aufrechterhalten zu wollen.

Obwohl ich diese Argumentationslinie gut verstehen und akzeptieren kann, glaube ich, dass die meisten, die so argumentieren, nicht wirklich ehrlich zu sich selbst sind oder sein können. Denn der Hauptgrund, warum Menschen in schlechten Beziehungen bleiben, sind zweifelsohne Bindungsverlustängste; die Kinder werden vorgeschoben, um sich den eigenen Ängsten nicht stellen zu müssen. Die Angst vor Einsamkeit lässt sie in dysfunktionalen Beziehungen bleiben, ganz nach dem Motto: Das gewohnte Unglück ist einem allemal lieber als das ungewohnte Glück. Allerdings mag es schon stimmen, dass zahlreiche Menschen der Kinder wegen in Beziehungen bleiben, aber aus anderen Gründen, als sie es verstanden haben wollen: Sie bleiben in der Beziehung, weil sie selbst die Geborgenheit und die Bindung, die ihnen ihre Kinder vermitteln, nicht missen wollen. Das ist etwas anderes, als deshalb an der Partnerschaft festzuhalten, um den Kindern nicht zu schaden.

Ein afrikanisches Sprichwort besagt, dass man ein ganzes Dorf brauche, um ein Kind zu erziehen. Evolutionsbiologisch ist der Mensch offensichtlich ein Sippenwesen und in diesem Zusammenhang ist es auch nicht unlogisch, dass Kinder mehrere primäre Bezugspersonen haben sollten. Das scheint unserer »Natur« zu entsprechen.

Die Beziehung zwischen Kindern und Erwachsenen ist eine gegenseitig befruchtende Interaktion, die aufgrund ihrer Vitalität allerdings zur Mühe wird, wenn sie nicht von Pausen unterbrochen ist. Die Individualisierung des Menschen im Rahmen seiner Bewusstseinsentwicklung führt dazu, dass sich Menschen nicht so gern mit anderen abstimmen (wir haben uns aus einem kollektiven Bewusstsein zu individualisierten Wesen entwickelt, mit allen Vor- und Nachteilen). Das führt dazu, dass Aufgaben, die früher gemeinsam in einer größeren Familienstruktur bewältigt wurden, heute häufig nahezu allein bewältigt werden müssen (ich glaube, dass der fehlende Kinderwunsch vieler Frauen nicht zuletzt diese nachvollziehbare Grundlage hat). Die Kleinfamilie ist ein nicht wegzudiskutierendes Faktum in der Lebensrealität vieler Menschen, daher ist im Falle gemeinsamer Kinder die Kooperation von Mann und Frau eine Conditio sine qua non.

Wenn ein Paar zusammenfindet, freuen sich die Partner aneinander. Leider führen Kinder dazu, dass nicht mehr das Paar im Mittelpunkt der Beziehung steht, sondern die gemeinsame Aufgabe. Kinder führen auch dazu, dass man normalerweise mehr Wohnraum braucht und andere Ansprüche hat, wie zum Beispiel einen Garten. Die Wohnraumbeschaffung bedeutet zusätzliche Arbeit. Plötzlich findet sich das Paar in einer völlig anderen Situation wieder.

Stand am Anfang der Beziehung die Zugewandtheit im Vordergrund, ist es nach einiger Zeit das mehr oder weniger gemeinsame Engagement zur Bewältigung des Lebens. Frauen übernehmen in unserer Lebenswelt nach wie vor die Hauptlast der Kinderbetreuung und der sogenannten Haushaltspflichten (welch grausliches Wort, das aber in diesem Zusammenhang ausgezeichnet passt).

## Frauen sind über die mangelnde Unterstützung der Männer enttäuscht.

Sozialpsychologen haben sich gefragt, was genau die Krise einer Paarbeziehung aufgrund von Kindern ausmacht. Sie kamen zu einer überraschenden Antwort: Die Krise wird durch die Enttäuschung der Frauen über die mangelnde Unterstützung der Männer ausgelöst. Das erzeugt eine Sollbruchstelle, von der sich Beziehungen häufig nicht mehr erholen.

Die Frauen nehmen den Männern die fehlende Unterstützung deswegen so übel, weil sie sich aufgrund ihrer mütterlichen, zweifellos instinktiv angelegten Fürsorgeverantwortung nicht aus dieser Situation emanzipieren können. Sie fühlen sich potenziell vom Leben erpresst und sind den Männern böse, wenn diese ihre missliche Situation ausnutzen und ihren eigenen Freiraum genießen. Aus dieser Beleidigung entsteht der Bruch der Beziehungen. Er ist gewöhnlich nicht reparierbar. Ein hartes Wort, aber wahr.

Unlängst hatte ich ein etwa achtzigjähriges Paar in Behandlung (nicht das Paar war achtzig, sondern jeder Einzelne), deren Konflikt im Wesentlichen auf eine Situation zurückzuführen war. Vor vielen Jahren, während sich die Frau mit dem gemeinsamen kleinen Baby abplagte, ging der Mann seiner beruflichen – und mit einer anderen Dame auch seiner sexuellen – Verwirklichung nach. Die Frau konnte ihm das nicht verzeihen, sodass sie ihn noch Jahrzehnte später mit ihrer

Eifersucht quälte. Diese war mittlerweile mehr als unbegründet, wurde von ihr aber wahnähnlich plausibilisiert. Es war ein hartes Stück Arbeit, die Wahrnehmung der beiden auf die offensichtliche liebende Grundlage ihrer Beziehung zurückzuführen und sie daran zu hindern, sich in einem so hohen Alter scheiden zu lassen.

Der Hauptgrund, warum Kinder für Beziehungen eine große Gefahr darstellen, ist also fehlende Solidarität. Wenn im Leben im Allgemeinen Probleme auftreten, sind wir darauf angewiesen, dass der andere treu zu uns steht und unsere Probleme zu seinen macht. In Beziehungen sollten Probleme vergemeinschaftet werden können. Das ist die große Chance von herausfordernden Situationen: Die Paare können in solchen Situationen zusammenwachsen. Entscheiden sie sich jedoch aus irgendeinem Grund anders, wird die Beziehung zerbrechen.

*Es gilt das, was einem besonders wertvoll ist, zu hegen und zu pflegen – und zwar gerade in Zeiten, in denen man sich dessen ganz sicher sein kann.*

Das gilt natürlich ebenso für Beziehungen, in denen sehr viel berufliche Identität geschaffen wird und also andere Stressoren als Kinder die Paarbeziehungen irritieren. Auch die Basis für eine gesunde Sexualität sind nachgewiesenermaßen nicht nur Zuneigung und eine gute sexuelle Technik (die jeder gern genießt, aber dem anderen die Erfahrung, die dazu notwendig ist, nicht immer so gerne zugesteht), sondern vor allem mangelnder Umgebungsstress sowie Zeit und Raum, um sie zu leben. Kinder sind da ebenso ein gewaltiger Störfaktor wie eine Überanstrengung im Beruf. Auch Geldsorgen führen dazu, dass Beziehungen zerbrechen.

Nach zwei bis vier fixen Beziehungen finden ältere Menschen manchmal einen Partner, mit dem sie relativ glücklich sind. Der Grund dafür sind im Wesentlichen zwei Aspekte: Erstens traut man sich keinen weiteren Partner zu, weil man der eigenen Attraktivität nicht mehr wirklich traut. Die dadurch entstehende, von der Natur erzwungene unambivalente Zuneigung ist ein Erfolgsfaktor für die Paarbeziehungen. Zweitens sind die Menschen im Alter oft nicht mehr gezwungen, sich beruflich zu verwirklichen, und haben viel Zeit füreinander, vor allem wenn das Enkelangebot nicht zu groß ist. Externe Stressoren sind daher nicht mehr so relevant.

Eine größere Gefahr als die Störung durch externe Faktoren scheint im Alter die Fadesse zu sein, die man leibhaftig in Hotels der kanarischen Inseln während des Winters beobachten kann. Hier liegen schweigsame Paare tagsüber am Pool, warten von einer Mahlzeit auf die nächste und haben einander nichts zu sagen. Diese Form von Resignation führt allerdings nicht zu einem Beziehungsabbruch. Man ist heilfroh, überhaupt jemanden an der Seite zu haben und sich dadurch nicht einsam fühlen zu müssen. Die Bedürfnisse der Menschen ändern sich eben im Laufe des Lebens.

Es geht im Leben darum, das, was einem besonders wertvoll ist, zu hegen und zu pflegen, und zwar gerade in Zeiten, in denen man sich dessen ganz sicher sein kann. Jene Paare, die einander stets liebevoll im Blick behalten, umschiffen elegant alle Klippen des Lebens, ohne vom Schiffbruch bedroht zu sein. Denn die Energie einer Liebesbeziehung kommt aus der gegenseitigen Betrachtung, komme was wolle. Paare, die das schaffen, sind zu beneiden.

# 31
# WARUM MORAL VOR ALLEM BEI JENEN ANZUTREFFEN IST, DIE KEINE GELEGENHEIT ZU UNMORALISCHEM HANDELN HABEN

Da Moral etwas ist, das immer einer Gruppe zuzuordnen ist, kann man als Einzelner für sich gar nicht moralisch sein. Sittliche Werte und Tugenden beziehen sich auf Normen, die sich auf andere Menschen beziehen. Moral und Unmoral sind somit eigentlich willkürliche Normen. Moralisch sein bedeutet, den Normen der Gemeinschaft zu entsprechen. Das gilt auch für Einsiedler, von denen es heutzutage nicht mehr so viele gibt. Vielleicht sind die Singles, von denen es heute wiederum besonders viele gibt, die Nachfolger der Einsiedler, weshalb diese nahezu ausgestorben sind; wer weiß? Moral ist also die Realisierung von kollektiven Ansprüchen im Einzelnen.

Deshalb ist Moral etwas, das unter den Aspekten der sozialen Kontrolle strenger geachtet wird und weniger wird, wenn niemand auf einen schaut. Daher verhalten sich Menschen im Urlaub mitunter ziemlich unmoralisch (zum Beispiel in Bezug auf ihre Sexualität), weil sie dort niemand kennt. Da wechseln einige Moralapostel glatt die Seiten, vorübergehend. Ich habe im Laufe meines Lebens Religionsrepräsentanten kennengelernt, die im Ausland ins Bordell gehen, während sie daheim an die Sexualmoral ihrer gläubigen Schäfchen appellieren. In der Coronakrise wurden Politiker bekannt, die Abstand (sogenanntes »Social Distancing«) gepredigt haben und tags darauf bei einem undistanzierten Happening erwischt wurden. Peinlich und irgendwie typisch.

Unter Männern gilt es weithin als unmoralisch, einem echten Freund die Frau auszuspannen. Wenn man sich also als Mann in die Frau eines Freundes verliebt und diese Verliebtheit erwidert wird, hat man sich der Handlungskonsequenz dieser Erfahrung zu enthalten. Mit anderen Worten: Das sollte man einfach aushalten, die Luft anhalten und woanders wieder auftauchen. Andernfalls ist man unmoralisch. Wenn die Frau einen Ehegatten hat, den man nicht kennt, ist das geschlechtliche Miteinander mit dieser Frau auch unmoralisch, aber nicht im gleichen Maße, als wenn sie die Frau eines Freundes ist.

## Moral bedroht das Eigene.

Moral ist ein Ordnungsprinzip zwischen Individuen. Wir können die Moral schätzen, aber wir lieben sie nicht. Moral zu lieben wäre (und ist!) nachgerade pervers. Sie ist eine Bedrohung unseres Eigenen. Daher ist Moral immer von der sogenannten Doppelmoral begleitet, und je höher der moralische Anspruch, desto höher der Grad der Doppelmoral. Irgendwie versuchen Menschen systematisch die moralischen Ansprüche der Umgebung zu umgehen, um in Gesellschaft anerkannt zu werden oder beliebt zu bleiben und gleichzeitig den eigenen Ansprüchen gerecht zu werden.

Das kann man in jeder Religionsgemeinschaft beobachten oder bei hochmoralischen gesellschaftspolitischen Modellen wie dem Kommunismus. Ich habe aber auch in radikalen ökologisch-grünen Familien einen derartigen moralischen Druck erlebt, dass sich die Kinder nur mit pathologischen Mustern vor den überhöhten Ansprüchen der Eltern oder ihres näheren Umfelds »retten« konnten. Ich beobachtete Essstörungen, Angststörungen und teilweise katastrophale Zwangsstörungen. Auch die Political Correctness ist mit starkem moralischem (in Wahrheit moralisierendem) Tobak versetzt.

Erstaunlich ist, dass Menschen, die leidvoll von unmoralischem Verhalten betroffen sind, überzufällig häufig zu Obermoralisten werden. Ich kenne einen Mann, der ständig Affären hat. In aller Regel liegt der Grund für ein solches Verhalten in einer Selbstunsicherheit bezüglich der eigenen Männlichkeit. Normalerweise probiert sich ein Mann in der Pubertät aus. Dann erfährt er seine männliche Potenz, seine Attraktivität, seine Möglichkeiten und Unmöglichkeiten. So wird er beziehungsfähig. Die Beziehungsfähigkeit ist das Resultat eines Ja zu sich selbst. Dieser Bekannte von mir, ein sehr attraktiver und erfolgreicher Mann, kann zu seiner Frau typischerweise weder Ja noch Nein sagen und hat zahlreiche Affären, auch wenn sie aufgrund allmählich abnehmender Attraktivität und persönlicher Trägheit etwas seltener werden. Auffällig ist an ihm eine gewisse Entscheidungsunfähigkeit in Bezug auf das, was er eigentlich will, was ein Hinweis auf eine gravierende Beziehungslosigkeit zu sich selbst ist. Das Prinzip ist einfach: Willst du dich für etwas entscheiden, musst du dich selbst anfragen können. Um dich selbst anfragen zu können, musst du wissen, wo du zu finden bist. Mein Bekannter wirkt so, als ob er im Leben herumtappte.

Manche Menschen, Männer wie Frauen, suchen sich lebenslang in der Resonanz von sexuellen Erfahrungen, ohne sich jemals zu finden. Wir können in der Schule keine Klasse überspringen, wenn wir den Lehrstoff nicht gelernt haben. Genauso ist es im Leben. Manche sind lebenslang in der gleichen Klasse und steigen nie auf. Sie gleichen dann Zwanzigjährigen, die noch immer in die zweite Klasse gehen. Leider wirken Zwanzigjährige unter Siebenjährigen ein wenig deplatziert und skurril. Die immer gleiche Übung bekommt mit der Zeit einen unfreiwillig lächerlichen Charakter, wenn der oder die Betroffene nichts daraus lernen kann.

Eine Frau, die in meiner Praxis war, betrügt ihren Mann wiederholt, um ihr Selbstvertrauen in ihre Attraktivität und Schönheit zu überprüfen. Allein es nützt nichts. Sie lernt in keiner Affäre anhaltend (was die Absicht der Übung ist), dass sie eine Klassefrau ist. Warum? Das ist nicht so leicht zu erklären. Ich will es trotzdem versuchen. Wenn man in der frühen Kindheit existenziell bestätigt worden ist – wenn man verstanden hast, dass man eine echte Lebensberechtigung hat –, dann ist das eine wesentliche Grundlage dafür, auch die übrigen wichtigen Dinge im Leben lernen zu können. Wenn man das aber in der frühen Kindheit nicht gelernt hat, will man sich in allem, was man tut, existenziell finden. Das geht aber nicht, weil wir dazu eine Zuneigung und ein kontinuierliches Ja bräuchten, das es, wenn überhaupt, nur in der innigen Begegnung der primären Bezugspersonen mit dem reizenden Baby gibt. Wir sind später eben nicht mehr so süß und nicht mehr in der gleichen Weise im schönen Sinne appellativ.

*Wer aus Mitgefühl agiert, hat eine Handlungssicherheit, die untrüglich auf den Weg des Glücks führt.*

Nun, unmoralisches Verhalten ist in Bezug auf das soziale Netzwerk immer ein wenig riskant. Ich habe einmal eine Frau verlassen. Diese Frau wurde von der Frau meines besten Freundes keinesfalls geschätzt. Doch als ich diese Dame verließ, wurde erstaunlicherweise die Verlassene augenblicklich »Best Friend« der Frau meines Freundes; diese solidarisierte sich mit ihr und der Moral, da sie fürchtete, ihr Mann könnte meinem unmoralischen Verhalten folgen. So läuft es.

Wenn man einen fixen Partner hat, liebt man die Moral. Wenn man keinen hat, erlauben sich die meisten ein von ihnen zuvor kritisiertes unmoralisches Vorgehen.

*Moral wird oft von jenen vertreten,*
*die sich Unmoral finanziell und emotional*
*nicht leisten können.*

Eine Freundin litt darunter, dass sich ihr Mann einer anderen Frau zuwandte und sie verließ. Sie vergoss viele Tränen. Nach einigen Monaten traf ich sie wieder. Sie war fast nicht wiederzuerkennen, eine andere Frau. Das blühende Leben und sexy hergerichtet. Sie gestand mir, ich ahnte es bereits, dass sie wieder verliebt sei. Ich gratulierte ihr. Indiskret, wie ich bin (eine »Déformation professionnelle«, wie die Franzosen sagen), fragte ich, wer es denn sei, der das Glück habe, die Zuneigung einer derart attraktiven Frau genießen zu dürfen. Lächelnd antwortete sie, er sei leider noch (!) verheiratet …

Durch den verehrten Philosophen und Psychotherapeuten Paul Watzlawick habe ich verstanden, dass Moral etwas ist, das vor allem jene vertreten, die sich die Unmoral finanziell und emotional nicht leisten können. Wenn man emotional so gefestigt ist, dass man Autonomie nicht fürchten muss; wenn man ökonomisch so gut ausgestattet ist, dass man sich nahezu unverwundbar fühlen kann, dann ist das moralische Gebot eine freiwillige Angelegenheit und wird von denen, die zu dieser Kategorie von Mensch gehören, gerne flexibel beziehungsweise sehr persönlich ausgelegt.

Es ist natürlich nicht von Übel, wenn sich ein Paar aufeinander verlassen kann. Da liegt es nahe, sich auf einen moralischen Kanon zu einigen. Besser als das ist allerdings, einander zu lieben. Wenn man den anderen liebt und sich selbst noch dazu, hat man mit dem anderen und mit sich selbst Mitgefühl. Und wer aus Mitgefühl heraus agiert, hat immer eine Handlungssicherheit, die untrüglich auf den Weg des Glücks führt, selbst wenn dabei der eine oder andere Spaß versäumt wird. So gesehen kann man ein Leben ohne Moral führen, ohne jemals unmoralisch zu sein.

# 32
# WARUM DIE MONOGAMIE UNERSETZBAR IST

Manchmal werde ich gefragt, was ich von Monogamie halte. Das ist eine Glaubenssache, möchte man meinen. Ich pflege auf die Frage zu antworten: »Wenn man sich so umblickt, kann an dem Konzept nichts daran sein. Denn Hand aufs Herz, wann funktioniert das schon? Die meisten Menschen erzählen mir im Vertrauen, dass sie ihre Partner schon betrogen haben. Und wenn nicht die aktuellen, so ziemlich sicher frühere.«

Viele argumentieren damit, dass die Menschen früher ja viel kürzer gelebt hätten und die Aufgabe, monogam zu leben, daher eine ungleich kleinere gewesen sei. Wenn einem die eigene Frau mit fünfunddreißig Jahren am Kindbettfieber stirbt, wenn einem der Mann mit vierzig an einer Sepsis verbleicht, dann, so die Idee, ist die Monogamie keine so große Herausforderung. Früher war es scheinbar leichter, weil die Ehe nie in diese lähmende Phase gelangte, die man mit einem breiten, langsamen Fluss vergleichen könnte, der kurz vor seiner Mündung eher einem stehenden Gewässer gleicht als dem lebendigen Tanz sprudelnden Wassers.

Ich kann mir nicht helfen: Irgendwie hat diese Erklärung etwas Unsinniges! Denn wer sagt, dass man sich, nur weil die Ehen kürzer dauerten, eher treu geblieben ist? Früher gab es sicher mehr arrangierte Beziehungen, die wieder ihren eigenen Gesetzmäßigkeiten unterworfen waren.

Menschen, die solche Argumente anführen, sagen makabererweise, dass Monogamie schon funktionieren würde, wenn wir einander den Gefallen tun würden, früh zu sterben. Diesen

Gefallen werden wir einander nicht tun, das ist eindeutig zu viel des Guten, auch wenn sich in Wahrheit gar nicht wenige Eheleute wünschen, der andere würde durch einen (un)glücklichen Umstand abtreten und sozusagen freie Bahn gewähren. Vor einigen Tagen habe ich mit einer Witwe gesprochen, die ein wenig befremdet war ob ihres Mangels an Trauer angesichts des plötzlichen Todes ihres Mannes in seinen Mittsechzigern. Ich ermutigte sie dazu (nach einem einfühlsamen Gespräch!), dass sie die Freude über den Tod ihres Mannes, der immer sehr lästig gewesen sein muss, einfach zulassen solle. Was ist, das ist. Erstaunlich, wie wenig es uns gelingt zuzulassen, dass das sein kann, was eigentlich nicht sein darf.

Wenn ich also gefragt werde, ob ich an das Konzept der Monogamie glaube, dann sage ich, dass die Realität eher dagegenspricht. Das führen auch Anhänger von offenen Beziehungen und von Polyamorie ins Treffen, die allerdings aus meiner langjährigen therapeutischen Erfahrung durchschnittlich auch nicht glücklicher sind als andere. Das Regelwerk in solchen Beziehungen erweist sich für die Betroffenen als enttäuschenderweise ähnlich funktionell oder dysfunktional wie in anderen Modellen. Man sollte nicht an seinen Realitäten vorbeileben, nur weil einem der eigene Kopf beharrlich einflüstert, dass etwas richtiger als das andere ist.

Trotzdem ist die Forderung der Monogamie problematisch, denn eine Norm, die von vielen nicht erreichbar ist, führt zu einer Aushöhlung dieser Norm, quasi zu einer irritierenden Werteanarchie. In der Regel ist es wenig sinnvoll, einen Anspruch beizubehalten, an dem die meisten Betroffenen scheitern. Und doch, entgegen aller Evidenz, bin ich ein begeisterter Anhänger der Monogamie. Vielleicht liegt das daran, dass ich lebensgeschichtlich bedingt ein Bindungsfreak bin. Kaum ein Mensch sehnt sich nicht danach, einen Menschen zu finden, für den er alles sein kann und der für ihn alles ist. Das ist eine unausrottbare Vision, die möglicherweise ein Grundbedürfnis repräsentiert und daher auch in einer Zeit des institutionalisierten Kulturpessimismus bestehen bleibt.

Für diese Vision müssen wir kämpfen. Wenn wir nicht auf unsere Visionen verzichten wollen, müssen wir Mut zu großen Träumen besitzen und sie zulassen. Ich glaube, dass Visionen unser Leben zauberhaft machen, dass sie ein Teil eines spirituellen Lebens sind. Wir leben spirituell, indem wir über die Grenze der sogenannten Realität hinaus wahrnehmen. Die Bereitschaft, das Irreale nicht vom Wahrnehmungsraum auszuklammern, macht das eigene Leben erst zum Wunder des Lebens. Daher bin ich ein Anhänger der Monogamie, auch wenn ich mich damit als eine Art Don Quijote deklariere.

## *Monogamie ist die Einladung zu einem leidenschaftlichen Leben.*

Eines fernen Tages hat mir ein Freund einmal ein Lehrstück erteilt. Ich war damals mit einer Frau zusammen, die ich liebte. Eine attraktive Dame, die in einer anderen Stadt lebte und die einen unübersehbaren sexuellen Reiz auf mich ausübte, lud mich immer wieder ein, zum Kaffee vorbeizukommen, wenn ich mal wieder in ihrer Stadt zu tun hätte. Eines Tages sagte ich zu. In den darauffolgenden Tagen wurde mir zunehmend klar, dass sich mit dem Kaffeebesuch so etwas wie ein geplanter Seitensprung abzeichnete. Als ich mir das eingestand, sagte ich ab. Denn ich wollte meiner Liebe zu meiner damaligen Freundin entsprechen und mir selbst treu bleiben. Aber, ehrlich gesagt, leid tat es mir schon um das versäumte erotische Erlebnis. Das erzählte ich dem Freund. Er antwortete: »Je mehr es dir leidtut, desto mehr weißt du, wie sehr du deine jetzige Freundin liebst, wenn du darauf verzichtest. Der Schmerz des Verzichts zugunsten von etwas, das man liebt, ist eins zu eins das Ausmaß der Liebe. So einfach ist das.«

Leidenschaftlich zu leben bedeutet nicht, alle Möglichkeiten zu nutzen, sondern vielmehr die Möglichkeiten einzuschränken zugunsten einer Verdichtung des Lebens. Daher ist Monogamie eine einzige Einladung zu einem leidenschaftlichen Leben. Auch wenn es einem nicht gelingen sollte, bleiben wir ihr verpflichtet. Erlauben wir uns im Leben leidenschaftliche Narren zu sein! Das Leben findet immer woanders statt, als wir vermuten. Daher ist ein erfülltes Leben immer ein anderes, als wir es uns vorgenommen haben.

# 33

# WARUM WIR IN BEZIEHUNGEN NIE AM ANDEREN, SONDERN IMMER NUR AN UNS SELBST SCHEITERN

Schon in meinem Buch über Selbstliebe habe ich postuliert, dass mangelnde Selbstliebe die wesentliche Ursache für das Scheitern von Beziehungen darstellt. Seit Erscheinen dieses Buches bin ich mir noch viel sicherer geworden, dass Beziehungen in aller Regel nicht an Beziehungsproblemen scheitern, sondern aufgrund der persönlichen Probleme der Beteiligten. Anders gesagt: Beziehungsprobleme sind nur Epiphänomene, Symptome von dahinterliegenden Problemen der einzelnen Partner.

Psychische Verletzungen sind die Hauptursache für unsere persönlichen Probleme, für die Konflikte, die wir mit uns selbst haben und die sich selten lösen lassen. Eine besondere Rolle spielt in diesem Zusammenhang die Traumatisierung. Wenn man zum Beispiel ein als traumatisch erlebtes frühes Verlassensein in seiner Biografie hat, ist das so bedrohlich, dass man es nicht in die normale psychologische Struktur integrieren kann; dieses traumatische Erlebnis wird im Gedächtnis (dissoziativ) abgespalten. Der Grund dieser Abspaltung ist, dass man eine gewisse Normalität erreichen muss, ohne dass eine Heilung von der Traumatisierung möglich wäre (zumindest zu dem Zeitpunkt, an dem das Trauma passiert ist). Was dem folgt, ist quasi eine Persönlichkeitsspaltung, was zwar schrecklich klingt, aber sich bei fast allen Menschen beobachten lässt.

Normalerweise spielt die abgespaltene Traumastruktur keine Rolle. In partnerschaftlichen Beziehungen jedoch werden durch die unvermeidbare, übergroße Nähe Erfahrungen aktualisiert, die die Abspaltung nicht mehr möglich machen, sodass die Betroffenen von Ängsten überflutet werden. Insofern hat jeder und jede in näheren Beziehungen ein anderes (leider ein weniger schönes) Gesicht als üblich.

Kommt es zu einem »Ausbruch« der Traumapersönlichkeit, ist die Folge beim Partner meist eine Aktualisierung seiner eigenen Verletzlichkeit, sodass sich zwei fremde Menschen gegenüberstehen. Man muss zugeben, dass sie nicht nur ihrem Gegenüber fremd sind, sondern auch sich selbst. Leider sind Paare so gut wie nie imstande, diesen Mechanismus zu durchschauen.

So kommt es, dass sich traumabedingte Verletzungen der Persönlichkeit letztlich zerstörerisch auf Beziehungen auswirken. Manchmal geht es sich aus – knapp, aber noch so gerade –, dann wieder geht es sich nicht aus. Mitunter hängt das auch schlicht und einfach von den Nebenumständen ab: ob die Kinder gesund sind, ob genug Geld da ist, wie es um den sozialen Status bestellt ist und so weiter.

Des Weiteren kann man in Beziehungen grausame Selbstverstärkungsmechanismen beobachten. Vielfach wird der Partner mit dem Täter verwechselt, der einem das Primärtrauma zugefügt hat. Diese Verwechslung geschieht nicht selten gegenseitig (ich glaube, fast immer). Das führt keinesfalls gleich zum Bruch der Beziehung, sondern bedingt überraschenderweise lähmende Abhängigkeitsphänomene, die mit einer mangelnden Intimität einhergehen. Man kommt voneinander nicht los, kann aber nichts mehr miteinander anfangen. Ein paralytischer Zustand.

Das wird verständlich, wenn man sich vor Augen führt, dass eine psychische Traumaerfahrung stets eine Erfahrung ist, bei der wir einerseits die Selbstwirksamkeit zugunsten vollkommener Fremdbemächtigung verlieren. Das Gebäude unseres Selbst bricht total zusammen. Wir empfinden uns als vollkommen hilflos und abhängig von der Tätermacht. Andererseits führt die Erfahrung der Verletzung zu einer Distanzierung. Beziehungen, die von diesem tödlichen und schicksalhaften Traumatisierungskreislauf geprägt sind, gehen also mit einer vermeidenden Distanz und der Unfähigkeit, sich zu lösen, einher. Manchmal wird in solchen Beziehungen der Mangel an Intimität durch einen heftigen Streit durchbrochen, der erstaunlich wenig bewirkt und ritualisiert abläuft. So stellt sich nach kurzer Zeit wieder das Gleichgewicht des Schreckens ein. Solche Beziehungen können ewig dauern (zumindest eine gefühlte Ewigkeit). Manchmal werden sie auch mit Bomben und Granaten in die Luft gejagt – wobei es oft so ist, dass die Partner in ihren nächsten Beziehungen die gleiche Beziehungskonstellation rekonstruieren.

*Man ist nicht nur seinem Gegenüber fremd, sondern auch sich selbst.*

Viele psychische Störungen haben also ihre Gründe in psychischen Verletzungen, die nicht bewältigt und verarbeitet wurden. Aber natürlich können auch angelegte Persönlichkeitsstörungsaspekte und psychische Störungen anderer Herkunft (von denen es bei näherem Hinschauen nicht viele gibt) für ein Scheitern einer Beziehung mitverantwortlich sein. Interessanterweise ist daher die Begrenzung der Entwicklungsfähigkeit einer Beziehung durch die Begrenzung der eigenen Wachstumspotenziale definiert. Wenn das nicht wäre, würden fast alle Paare, deren Beziehung scheitert, gut zusammenpassen. Die Epidemie von Trennungen und Scheidungen erscheint aus dieser Sicht sinnlos. Beziehungen sind nicht nur gescheitert, wenn sich die Partner getrennt haben, sondern auch dann, wenn sie in einem Arrangement gelandet sind.

Das grundsätzliche Dilemma der Paartherapie scheint mir darin zu liegen, dass Paartherapeuten meist an der Beziehung arbeiten. Die Beziehung ist jedoch – wie gesagt – fast nie das Problem, sondern vielmehr die Kompliziertheit der Persönlichkeitsstruktur beider Partner. Die Kompliziertheit wird genau dort deutlich, wo man sie am wenigsten brauchen kann. Darauf nimmt die Paartherapie wenig Bezug. Gleichgültig warum: Wenn Intimität auf Dauer nicht möglich ist, verkümmert die Beziehung und wird pathologisch. Da liegt das ganze Problem. In dem Moment beginnen die Menschen unter ihrer Beziehung zu leiden. Wobei es sich in Wahrheit so verhält, dass jeder Partner unter sich selbst leidet.

Ist eine Beziehung schlecht, kann man dennoch eine Paartherapie empfehlen. In dieser werden dysfunktionale Gedanken, ungünstige Kommunikationsstile und anderes mehr analysiert und auf einer Verhaltensebene verbessert. Die eigentliche Arbeit an einer Beziehung würde aber bedeuten, dass man sich selbst verstehen lernt und die eigenen verletzten Anteile integriert, sodass man dadurch, dass man keine Angst vor sich selbst hat, auch die Angst vor anderen verliert. Vor allem wäre notwendig zu verstehen, dass man die Beziehung mit einer Geisterbahn verwechselt hat und in die Person des Partners eine traumatisierende primäre Bezugsperson hineinprojiziert hat.

# 34
# WARUM KAUM EIN MENSCH DAS LEBEN MIT SEINER GROSSEN LIEBE VERBRINGT

Die Liebe ist ein interessantes psychisches Phänomen. Vielleicht das interessanteste überhaupt. Denn die Liebe ist die Empfindung der Verbundenheit, die sich allen Gefühlsregungen gegenüber emanzipiert. Das heißt, man kann alle möglichen Gefühle erleben und trotzdem lieben, wenn man den Mut hat, sich die Liebe einzugestehen. Man kann sich vor einem Menschen ekeln und ihm gleichzeitig unverbrüchlich verbunden sein.

Wenn sich etwa eine Frau in einer Beziehung entfremdet, weil sie ihrem Mann zuliebe Dinge gemacht hat, die nicht in ihrem Sinne waren, sei es in sozialer, sexueller oder anderer Hinsicht, kann auf der körperlichen Ebene Ekel entstehen. Er ist dann der Ausdruck eines Nein, das sie sich anders nicht eingestehen konnte. Ich kenne viele entsprechende Beispiele. Eine Dame, bei der das so war, fühlte sich nichtsdestotrotz ihrem Mann so verbunden, dass sie überzufällig kurz nach dessen Tod plötzlich verstarb. Sie hielt ihren Mann fast nicht mehr aus und war ihm trotzdem zweifellos in Liebe zutiefst verbunden.

Ähnlich ist es mit dem Ärger. Man kann sich auch über einen Menschen chronisch ärgern und ihm trotzdem auf Gedeih und Verderb verbunden bleiben. Eine Frau, die ich kenne, wird von ihrer Tochter andauernd unfreundlich und entwertend behandelt und kann sich trotzdem nicht aus der Verbundenheit der Liebe emanzipieren.

Die Liebe fühlt sich wie ein Band an, das einem Herzensfrieden und auch tiefe Einsicht über den anderen schenkt. Das mit dem Herzensfrieden ist sogar neurobiologisch erwiesen. In der Gegenwart eines Menschen, den man liebt, beruhigt sich das körpereigene Stresssystem. Das können wir beispielsweise nachvollziehen, wenn wir daran denken, wie hilfreich für uns ein Freund in einer aufregenden Situation sein kann, einfach nur dadurch, dass er bei uns ist.

## *Denken und Fühlen sind im Einklang – eine Seelenfreundschaft.*

Nun, wir sind der Liebe hilflos ausgeliefert. Sie lässt sich von den Informationen des Verstandes und jenen der Gefühle nicht beirren. Wir lieben einfach. Besonders deutlich wird das bei einer großen Liebe. Das sind jene Begegnungen, in denen man einen derartigen Einklang des Denkens und Fühlens erlebt, dass man von einer Seelenfreundschaft spricht. Es besteht, so könnte man es auch sagen, ein Einklang der Herzen. In einer solchen Beziehung hat die Emotion keine Chance. Das heißt nicht, dass wir keinerlei Emotionen haben, ganz im Gegenteil. Aber die Emotionen führen zu keinen Handlungskonsequenzen, sosehr sich das Ego auch aufplustern mag. Man verliert quasi die Selbstbestimmung. Ist man verärgert oder unzufrieden, erlebt man sich als in seiner Autonomie eingeschränkt; man ist der Verbundenheit ausgeliefert. Ein solches Empfinden von Hilflosigkeit ist für kaum einen Menschen zu ertragen. In einer großen Liebe ist man gleichermaßen in einem himmlischen und in einem verzweifelten Zustand.

Ein Freund hat mir einmal eine Geschichte erzählt, die mich sehr berührt hat. Er traf eine große Liebe. Nach einer bestimmten Zeit hat sich seine Freundin plötzlich von ihm distanziert. Das Ego von ihr, so könnte man sagen, wollte diesen hilflosen Zustand nicht länger ertragen. So stieß sie ihn ab, indem sie ihm und sich selbst fremd geworden ist.

Das passiert, wenn wir dissoziieren. Dissoziation ist ein Mechanismus, den wir einsetzen, wenn wir sehr bedroht sind. Es ist dann möglich, die Persönlichkeit (samt dem Gedächtnis) zu spalten. So können wir mit einem Teil unserer Wirklichkeit weiterleben – ohne jenes andere, das uns bedroht. Wir bemerken am Gegenüber die Dissoziation, wenn es auf einmal kälter wird. Die Herzenswärme fällt plötzlich ab. Ich glaube, jeder von uns hat mit ihm nahestehenden Personen so etwas schon mal erlebt. Selbst bemerkt man es jedoch normalerweise nicht, wenn man dissoziiert. Das ist ja der Clou: Dissoziation ist ein Überlebensmechanismus, der uns vor uns selbst verborgen bleiben muss, sonst würde er nicht funktionieren.

*Die große Liebe*
*ist gleichermaßen ein himmlischer*
*und ein verzweifelter Zustand.*

Im Fall meines Freundes hat die Freundin ihr liebendes Herz in sich dissoziiert, um der Hilflosigkeit zu entkommen und ihrem drängenden Ego den Raum zu geben, den es einforderte. In der Paartherapie, so hat er mir erzählt, erkannte die Therapeutin, dass es sich um eine große Liebe handelte und dass der Mangel an Selbstbestimmung (durch die eigene Liebe zum Mann) die Frau von ihrem Partner weggetrieben hatte. Plötzlich, fast unmotiviert habe sie ausgerufen: »So liebt euch doch einfach!« So einfach ginge es in der Tat. Aber in diesem Fall ging es nicht. Es blieb bei der Trennung. Heute haben beide einen Partner, der nicht ihre große Liebe ist. Aber sie können ihr Ego realisieren, was sie in der großen Liebe nicht konnten.

Wir alle sehnen uns nach unserer großen Liebe, und wenn wir sie dann haben, können wir damit offensichtlich nichts anfangen (Ausnahmen bestätigen die Regel). Wir sind zu sehr Egoisten. Ein Egoist ist ein Kontrollfreak. Wir wollen Piloten unseres Lebens sein. Ein liebevolles Leben zu führen, bedeutet jedoch, dass wir unserem Leben antworten. Zu einem solchen Leben gehören viel Mut und Reife. Darum büxen die meisten von uns aus und leben nur das zweitbeste aller Leben.

# 35
# WARUM MANCHE MENSCHEN EINEN PARTNER WÄHLEN, DER IHNEN BEDINGUNGSLOS FOLGT, UM DANN DEN SPASS AN DER BEZIEHUNG ZU VERLIEREN

Unlängst kam ich in einem Flugzeug mit einem reizenden jungen Ehepaar ins Gespräch. Sie war von Beruf Stewardess, er war Rechtsanwalt. Die beiden waren noch jung, sicher unter dreißig. Sie erzählten mir dies und das. Ich fragte sie, was sie sich für ihre Zukunft vorstellten. Sie sagten, sie wollten viel reisen. Kinder wollten sie eher nicht. Sie hätten ohnehin schon eine Katze. Ich verstehe diesen Standpunkt – auf den ersten Blick. Früher – es ist noch nicht so lange her – bedeuteten Kinder eine Art Lebensversicherung und eine Vermehrung des eigenen Leistungsvermögens. Heute sind Kinder für viele in erster Linie eine Einschränkung der Lebensqualität in mehrfacher Weise.

Und doch bieten Kinder auch heute etwas, das sich Menschen, die keine haben, kaum vorstellen können. Abgesehen davon, dass man sich mit ihnen so etwas wie das ewige Leben schenkt, da man durch sie irgendwie weiterlebt, sorgen die durch sie nötigen Einschränkungen für eine Veränderung des eigenen Lebens. Man kann mit Kindern nicht der Gleiche bleiben, der man vorher war. Die Veränderung ist nicht unbedingt selbst gewollt und erzeugt durch den Kontrollverlust Angst und

Schmerz, ob man es sich eingesteht oder nicht. Kinder lenken einen ab. Sie lenken uns von dem Weg, den wir uns vorgenommen haben, ab.

Das ist wichtig. Denn nur so kommen wir mit dem Leben in Berührung. Ein erfülltes Leben ist nämlich keines, in dem wir die von uns erstellte Checkliste gewissenhaft abgearbeitet haben. Es ist ein Leben, in dem wir uns dem Leben ausgesetzt und dadurch fast versehentlich uns selbst gefunden haben. Es ist demnach eines, in dem wir ganz woanders gelandet sind, als wir es ursprünglich vorhatten. Darin liegt die eigentliche Selbstverwirklichung.

*Die Fülle des Lebens erwartet uns dort,*
*wo wir sie nicht vermuten.*

Es ist nicht notwendig, Kinder zu bekommen, um ein erfülltes Leben zu führen. Aber es ist notwendig, sich mit der Unvorhersehbarkeit und Unabwägbarkeit des Lebens zu konfrontieren und diese nicht nur als lästige, bedrohliche Zwischenfälle zu betrachten. Der Vorteil einer solchen Lebensführung besteht darin, dass wir dadurch immer lebendiger werden. Denn lebendig werden wir immer nur durch die Begegnung mit dem anderen, mit dem Du. Die Fülle des Lebens erwartet uns dort, wo wir sie nicht vermuten. Sie ist dort, wo wir auf unser (geplantes) Leben vermeintlich verzichten müssen.

Nun gibt es Frauen, die sich Partner wählen, denen sie sich offenkundig überlegen fühlen. Jeder, der dem Paar begegnet, spürt sofort, dass sie in der Beziehung ohne Wenn und Aber das Sagen hat. Gleichermaßen ist es fast sprichwörtlich, dass Männer Angst vor starken, selbstständigen Frauen haben und eher die zu wählen scheinen, die in der Beziehung zu ihnen quasi eine Untertanenrolle einnehmen.

Das sind Partnerschaften, die funktionieren, ohne dass sich die Partner auf Augenhöhe aufeinander einlassen. Wenn man eine solche Beziehung als starker Teil lebt, hat das den offensichtlichen Vorteil, dass man zwar einen Menschen an seiner Seite hat, aber trotzdem so leben kann, wie man es sich vorstellt. Es ist ein Singleleben ohne die diesbezüglichen Nachteile. Am Anfang einer solchen Beziehung fühlt man sich daher oft pudelwohl und erachtet sie als den Himmel auf Erden. Man hat jemanden an der Seite, der einen spiegelt, aber nicht so, wie man ist, sondern so, wie man gesehen werden will. Daraus entstehen leider keine Inspiration und Kreativität.

*Wer sich immer an seinen Partner anpasst, wird für diesen uninteressant.*

Solche Beziehungen sind zutiefst langweilig. Ich denke gerade an einen Bekannten, der sich im sogenannten besten Alter auf Partnersuche begab, nachdem er sich von seiner Frau hatte scheiden lassen (ein bisschen hatte er schon vorher die Partnersuche betrieben, das war einer der Gründe für die Scheidung). Er hatte eine große Auswahl, denn er war und ist in jeder Beziehung sehr attraktiv. Er wählte schließlich eine schöne Frau, die aber als Person ein wenig labil ist. Labil ist sie, weil sie kein großes Selbstbewusstsein hat. Das mangelnde Selbstwertgefühl steht im Gegensatz zu ihrem extrovertierten Gehabe (nichts gegen Extraversion, ganz im Gegenteil). Sie wirkt sehr verbindlich, doch ist die Verbindlichkeit ein Kompensationsverhalten ihrer inneren Unsicherheit.

Sie wurde also von diesem Mann ausgewählt und fühlte sich wie ein Aschenbrödel, das vom Königsohn erwählt wurde. Sie wollte ihm entsprechen, um ihn ja nicht zu enttäuschen. Denn im tiefsten Inneren glaubte sie, dass ihre Wahl ein Fehler gewesen sein musste. So begann sie sich und ihre Bedürfnisse zu übergehen. Sie spielte ihm vor, dass sie genau das, was er wollte, ebenso im Sinn hatte (ein typischer Fall von Überanpassung als Angst vor Bindungsverlust). Und zwar in allen erdenklichen Lebensbereichen: in Bezug auf den Lebensstil, Freundschaften, die Pflege der Familie, bis hin zu dem, was sie aßen und im Bett taten.

Sie begann – unbewusst – sich immer weniger zu mögen und wurde über alldem krank. Er hingegen fand sie zunehmend weniger interessant. Denn sie war immer so, wie er es wollte. Obwohl er sie zur Frau hatte, lebte er ein Leben mit sich allein. Ihre Kränklichkeit störte ihn. Er fing an, sich danach zu sehnen, diese Frau nicht mehr zur Partnerin zu haben. Nach einer gewissen Zeit nahm er seine alte Gewohnheit wieder auf, andere Frauen zu treffen und mit ihnen dann und wann intim zu werden. Kurz, es kam in dieser Beziehung, wie es kommen musste: Was in Wahrheit nie wirklich begonnen hatte, endete schmerzhaft mit einer Riesenenttäuschung.

Desgleichen wählen Frauen nicht selten Partner, die selbstwertschwach sind. Sie genießen es, frühere Verletzungen scheinbar zu vermeiden, indem sie den anderen im Griff haben. Eine Bekannte wurde von ihrer großen Liebe nach mehreren Jahren wie aus heiterem Himmel verlassen, gerade als sie an die Gründung einer Familie dachte. Nach einer gewissen Schockstarre und einer sehr langen Zeit der Trauer lernte sie einen einige Jahre jüngeren Mann kennen, den sie gern hatte. Den nahm sie zum Mann, verliebte sich aber nicht in ihn. Sie bekam ein Kind, aber nur eines. Mehr Bindung wollte sie nicht zulassen. Im Gespräch mit mir berichtete sie, sie wisse noch nicht, ob sie mit diesem Mann alt werden wolle. Er tat mir irgendwie leid. Er wurde von ihr zum Objekt gemacht, um ihre Lebensinszenierung ohne Risiko aufzuführen.

Viele dieser Frauen (und Männer) wissen nicht, dass ihre Partnerwahl auf eine Verbitterung zurückzuführen ist. Verbitterung ist das Resultat der misslungenen Bewältigung einer Krise. Die Betroffenen lassen sich auf das Leben nicht mehr ein, um ja nicht mehr verletzt zu werden. Damit erleben sie aber auch das Wunder der Begegnung nicht mehr. Das Wunder der Begegnung besteht in der Kreativität der Metamorphose der eigenen Person. Erstaunlicherweise verändern wir uns in wahren Begegnungen immer mehr zu dem, was wir eigentlich sind. Ohne den Zauber der verändernden Begegnung sind Beziehungen unerträglich langweilig.

Es ist daher wichtig, sich entgegen allen Ängsten auf den anderen einzulassen, ohne Wenn und Aber. Denn nur dann können wir von ihm profitieren und missbrauchen ihn nicht. Es gibt so viel verdeckten Missbrauch in Partnerschaften! Doch jeder, der den anderen missbraucht, missbraucht in Wahrheit in gleicher Weise sich selbst.

# 36
# WARUM ES KEINEN SINN HAT, EINEN ANDEREN MENSCHEN FÜR SICH ZU EROBERN

Wenn man verliebt ist, möchte man einen Menschen für sich genauso begeistern, wie man sich selbst für ihn begeistert. Wenn der andere von sich aus entflammt ist, scheint alles gut zu sein. Wenn nicht, möchte man ihn erobern. Einen Menschen zu erobern, bedeutet allerdings immer, einen aggressiven, imperialistischen Akt zu begehen. Dazu ist einschränkend zu sagen: Man kann durchaus einen Menschen erobern. Aber nur so, dass einem unmissverständlich klar ist, dass der andere sich auch hingezogen fühlen muss.

Ohne das Einverständnis des anderen kann man einen Menschen nur dann erobern, wenn man seine Bedürftigkeit erkennt und seine Sehnsucht nach Erfüllung bedient. Eine solche Vorgangsweise ist Manipulation. Damit ist der ganze Prozess dem Wesen nach Missbrauch – so wie der Zuhälter die für ihn »arbeitende« Prostituierte missbraucht, so wie der Priester im Seminar die ihm anvertrauten Buben missbraucht, so wie jeder Mensch mit struktureller Macht die Untergebenen missbrauchen kann. Der häufigste Missbrauch ist ja nicht der sexuelle Missbrauch, sondern der geistige. Der geistige Missbrauch besteht darin, dass Menschen ihre Machtposition – worin auch immer die bestehen mag – ausnutzen, um ihre Mitmenschen in ihrem Sinne zu steuern. Jede Diktatur fußt auf einem solchen penetranten, unappetitlichen Beziehungssystem.

Der Nachteil einer derartigen Beziehungsgestaltung besteht in der Tatsache, dass man sich in das Ich des anderen ohne dessen Zustimmung eingenistet hat. Dort nimmt man irgendwann einen scheinbar lebenswichtigen Part ein, sodass der »Gastgeber« glaubt, nicht mehr ohne einen leben zu können. Das ist die Grundlage einer Abhängigkeit, die nur durch die Selbstverachtung des Eroberten am Leben erhalten werden kann.

## *Der häufigste Missbrauch ist nicht sexueller, sondern geistiger Missbrauch.*

Ich kann mich an eine Bekannte von mir erinnern, deren Mann sie – Gott sei Dank, könnte man sagen – mittlerweile verlassen hat. Er hatte sie erobert. Sie erzählte mir, dass sie anfangs gar nichts mit ihm anfangen konnte, ganz im Gegenteil, sie hielt ihn für einen oberflächlichen Angeber (der er wahrscheinlich auch war). Aber mit der Zeit gelang es ihm, sie zu erobern, und sie konnte sich immer weniger vorstellen, ohne ihn zu sein. Er definierte ihre Meinungen, ihren Lebensstil, ihre Mode. Das wurde so stark, dass sie nicht zu ihrem Eigenen kam, was eigentlich das Resultat einer gelungenen Beziehung ist. Deshalb war es für sie ein Glück (obwohl vorerst die Welt für sie unterging), als der Eroberer irgendwann weiterzog.

In einer Liebesbeziehung kommt jeder der beiden Partner zu sich selbst. Der Liebespartner hilft einem, sich selbst zu finden. Daher ist das Ergebnis einer erfüllten Liebesbeziehung, dass beide Menschen immer schöner werden. Sie blühen auf, nicht füreinander, sondern für sich selbst. In der Beziehung wird man sich selbst. Der Benediktinermönch David Steindl-Rast, einer der weisesten Menschen, die ich je in meinem Leben getroffen habe, hat seine autobiografische Schrift mit einer zauberhaften und ungemein treffenden Überschrift versehen: »Ich bin durch Dich so ich«.

Begegnung ist Sinnbild der Liebe. Die Begegnung ist der Ort der Kreativität, des Werdens, des Verlebendigens. Und sie ist der Ort der Vernichtung. Die Offenheit, die die Voraussetzung einer Begegnung ist, erweist sich im Unglücksfall als vernichtende Voraussetzung des Missbrauchs. Daher ist Missbrauch das Gegenteil von einer Begegnung, er ist das Symbol von Hass. Liebe will Leben, Hass will Vernichtung.

## *Liebesbeziehungen sind riskante Manöver, durch die wir zum Schatz des Lebens gelangen.*

In dieser Dichotomie schwingen enge Beziehungen, wie Liebesbeziehungen es sind. Liebesbeziehungen sind riskante Manöver. Aber sie gleichen jenen heldenhaften Taten und Aktionen, die wir in den Märchen so schätzen. Durch sie erreichen wir den Schatz des Lebens.

Daher sollten wir von Anfang an alles Missbräuchliche vermeiden. Wir sollten nur jene Menschen »erobern«, die in ihrem Inneren Ja zu uns sagen können. Wenn wir das berücksichtigen, können wir viele leere Kilometer vermeiden. Ich sage Menschen, die sich auf einer Internetpartnerbörse um einen Partner bemühen (warum auch nicht!), dass man sich nur mit jenen Menschen treffen sollte, von denen man von vornherein ahnt, dass es klappen wird. Ansonsten bekommt man eine resignative Grundhaltung, die einem die Partnersuche vermiest. Trotzdem sollte man die Suche nicht mit einem unangemessenen Ernst betreiben. Denn, das sollten wir nie vergessen: Die Partnersuche ist auch ein Spiel. Spiele kennen Gewinne und Verluste. Das gehört nun einmal dazu.

Wichtig ist, dass man stets frei bleibt und sein Leben nicht von der Eroberung abhängig macht. Und das Gleiche sollte man dem anderen, den man gerne zum Partner hätte, aus vollem Herzen zugestehen: Ja zu sagen oder eben Nein. Statt einander zu erobern, sollten wir einander achten und auf das hören, was unsere Herzen befehlen. Gehen wir im Takt unserer Herzen, dann kann, so glaube ich, nichts schiefgehen.

# 37
# WARUM UNTREUE LETZTLICH IMMER UNTREUE SICH SELBST GEGENÜBER IST

Jemandem treu zu sein bedeutet, ihm die impliziten und expliziten Versprechungen zu erfüllen. Das muss nicht nur eine mit Worten bestätigte Handlung betreffen. Auch die nicht geäußerten Inhalte können Gegenstand von Treue und Untreue sein.

Ich hatte einmal einen Kollegen, der mir eine sehr freundschaftliche Beziehung vermittelte, wenn wir ein Gespräch zu zweit führten. Kaum waren wir unter »wichtigen« Leuten, fremdelte er und vermittelte mir eine wesentlich größere Distanz. Diese Tatsache enttäuschte mich. Denn ich fühlte mich wie ein von ihm missbrauchtes Objekt, und das wollte ich natürlich keinesfalls sein. Daher distanzierte ich mich von ihm. Dieser Fall ist ein Beispiel für Untreue.

Wenn man sich in einer Beziehung vermittelt, einander im sexuellen Bereich ein und alles zu sein (ein großes Versprechen), dann übernimmt man in diesem Zusammenhang eine große Verantwortung für sich und für den anderen. Von vornherein ist klar, dass damit ein Verzicht geleistet wird. Denn, wie schon öfter gesagt, Sexualität ist eine Form von Kommunikation, und man wird von niemandem verlangen können, in allen sexuellen Sprachen der Welt zu kommunizieren. Allerdings geht es nicht um die Verfügbarkeit aller Möglichkeiten, sondern vielmehr darum, die Möglichkeiten, die man im Hier und Jetzt hat, auszuloten. Die Erfahrungen, die man mit einem Gegenüber erleben kann, wenn man sich wirklich hingibt, sind so umfangreich und vollkommen, dass einem im besten Fall nie etwas abgehen wird. Die Verantwortung, von der ich sprach, betrifft allerdings auch die sexuelle Zufriedenheit des Gegenübers. Denn wenn eine externe Sexualität im Arrangement der Beziehung nicht vorgesehen ist, wird man sich zwangsläufig auch dann um die sexuelle Zufriedenheit des anderen kümmern müssen, wenn einem nicht unbedingt danach ist (so bitter das klingt). Das ist ein großes Problem, vor dem viele Menschen stehen. In solchen Fällen hilft nur eines. Das sei an einem kleinen Beispiel erklärt.

*Treue zu sich selbst bedeutet auch, der Liebe zu einem anderen zu entsprechen.*

Eine Frau und ein Mann leben in einer Ehe. Sie ist ein extrovertierter, leutseliger Mensch und er ein eher ruhiger, introvertierter Typ. Es naht ein Wochenende, für das die Nachbarn das Paar zu einem Grillfest einladen. Er hat eine anstrengende Woche hinter sich und ihm ist nicht nach dem »Blabla« des Small Talks zumute. Sie aber würde sich sehr freuen, mit den Nachbarn und deren Gästen Spaß zu haben. Das ist vergleichbar mit einer Bergtour – der Schnellere muss auf den Langsameren Rücksicht nehmen. Der Schnellere ist in diesem Fall die Frau. Nun wird es sich langfristig nicht gut auf die Beziehung auswirken, wenn die Frau den Eindruck hat, dass sie sehr häufig mit ihren Bedürfnissen zurückstecken muss. Andererseits ist dem Mann nicht zuzumuten, auf eine Veranstaltung zu gehen, die ihm gar keinen Spaß macht. Wie kann die Lösung aussehen?

Der Mann könnte sich vor Augen führen, dass er nicht deshalb zu den Nachbarn geht, weil diese Veranstaltung ihm Spaß verheißt, sondern weil er mit dieser Handlung seiner Frau eine Freude macht und ihr vermittelt, dass er sie liebt. Wenn er nun das Fest besucht mit der Freude im Herzen, seiner Frau Freude zu bereiten, könnte dieses Fest für ihn ein großer Gewinn sein. Mit der Freude im Herzen, die ihm vermittelt, dass er seine Frau liebt, kommt er möglicherweise in eine andere, positive Stimmung, in der ihm sogar die Oberflächlichkeit des Festes nicht mehr unbehaglich ist.

Wir können uns in einer Beziehung durchaus dehnen, ohne dass wir uns selbst verraten, wenn wir die Dehnung als liebevollen Akt verstehen, den wir dem anderen zuliebe tun. Solche Handlungen binden Menschen aneinander und ermöglichen unterschiedlichsten Menschen in einer Beziehung auf ihre Rechnung zu kommen, wenn diese Haltung gegenseitig ist. Das Gleiche gilt für die Sexualität. Auch in der Sexualität ist ein Entgegenkommen aus Liebe unbedingt notwendig, sonst wird die Beziehung zu wenig Nährboden haben und wie eine vergessene Pflanze vertrocknen und eingehen.

Treue zu sich selbst bedeutet auch, der Liebe, die man für einen anderen empfindet, zu entsprechen.

Wenn Menschen Seitensprünge machen, müssen sie gewöhnlich die liebevollen und zärtlichen Gefühle, die sie für ihren Partner hegen, beiseiteschieben. Sonst kann man den Seitensprung nicht genießen (beziehungsweise gar nicht erst realisieren). Dieses Den-anderen-in-einer-Ablage-Verstauen bedeutet immer, sich selbst etwas vorzumachen. Man macht sich vor, dass zwischen der Person, die man betrügt, und einem selbst die Welt nicht mehr in Ordnung ist. Das stimmt aber in den meisten Fällen nicht. Denn auch eine schlechte Beziehung ist in dem Sinne eine gute Beziehung, dass man nur in solchen Phasen für sich und für die Beziehung etwas lernen kann. Die Untreue zum anderen ist also nur ein Nebenprodukt der Untreue zu sich selbst. Denn man steht als untreuer Mensch nicht zu dem, was man sich selbst versprochen hat.

Wenn Menschen einander betrügen, geht es in der Schuldzuschreibung in erster Linie um die Kränkung des Betrogenen.

Das ist menschlich überaus verständlich. Trotzdem ist es eigentlich ein Missverständnis, denn worum es gehen sollte, ist die Kränkung desjenigen, der betrügt. Der hat sich nämlich selbst betrogen und damit gekränkt. Nur wenn ein Mensch einsieht, dass er sich durch die Kränkung des anderen in erster Linie selbst gekränkt hat, ist jene Betroffenheit möglich, die einer Versöhnung zugrunde liegen muss.

## Ein Seitensprung ist eine schwere Erkrankung einer Beziehung.

Seitensprünge können einerseits Ausdruck einer Beziehungskrise im Sinne einer Entfremdung sein und beide Partner so aufwühlen, dass sie einander endlich wieder nahekommen. Sie sind, so eigenartig das auch klingen mag, nicht selten Heilungsversuche eines Paares, wobei die Person, mit der der Fremdgeher seinen Partner betrügt, nur Mittel zum Zweck ist (was für diese natürlich auch tragisch sein kann).

In anderen Fällen sind Seitensprünge allerdings ein Ausdruck dessen, dass es, wie man zu sagen pflegt, nicht sinnvoll ist, ein totes Pferd zu reiten. Dann ist ein Seitensprung eine Traueranzeige für die Beziehung. Denn viele Paare gestehen sich den Tod ihrer Beziehung nicht ein, sodass es äußerer Zeichen bedarf, damit sie es verstehen. Derjenige, der seinen Partner betrügt, ist in solchen Fällen oft nicht der Täter, sondern nur der Überbringer der Nachricht – an sich selbst und sein Gegenüber. In solchen Fällen ist die Empörung des Betrogenen vollkommen unpassend, denn meistens wäre er selbst zu feige gewesen, die Botschaft zum Ausdruck zu bringen, und kann eigentlich dem, der ihn betrogen hat, nur dankbar sein.

Es ist also meistens vorerst nicht klar, was ein Seitensprung bedeutet: Ist er Ausdruck eines Versuchs der Verlebendigung einer Beziehung oder das manifeste Todesurteil? Bevor man das nicht weiß, sollte man keine Konsequenzen ziehen. Geduld ist in solchen Fällen die oberste Prämisse. Die Beziehung ist krank und mit ihr die Beziehungsteilnehmer. Wenn jemand krank ist, ist er ein Patient. Patient heißt wörtlich »der Geduldige«. Im Falle einer Krankheit, und ein Seitensprung ist eine schwere Erkrankung einer Beziehung, muss man immer Geduld haben.

# 38
# WARUM ES SO SCHWER IST, EIN GEMEINSAMES LEBEN ZU FÜHREN

Wenn man verliebt ist, hat man gewöhnlich keine Probleme mit der Gestaltung der gemeinsamen Zeit. Trotzdem hat die Verliebtheit einen etwas zu guten Ruf, denn in kürzester Zeit beginnt man an ihr zu leiden. Wer könnte sich nicht an jene schmerzhaften Minuten und Stunden erinnern, die man vor dem Telefon verbracht hat in der Erwartung, dass der andere anrufen möge. Ich neige dazu zu sagen, dass die Verliebtheit eine Phase im Leben ist, in der es einem gewöhnlich ein bis zwei Wochen gut geht. Wie kurz diese Zeit ist, wird leider oft vergessen, da wir uns so gern an die euphorischen Phasen erinnern, dass wir den Schmerz dazwischen verdrängen.

Nach der Phase der Verliebtheit bemerken wir zu unserem Schrecken, dass der andere keineswegs in dem Ausmaß im Einklang mit uns denkt, fühlt und handelt, wie wir uns das erwartet haben. Ab diesem Zeitpunkt wird das gemeinsame Leben ein potenziell anstrengender Akt. Natürlich können gemeinsame Interessen ein wenig helfen, um als Paar über die Runden zu kommen. Aber vor allem wenn intervenierende Variablen wie Kinder, berufliche Anstrengung oder finanzielle Sorgen auftauchen (und in welchem Leben gibt es davon nicht mehr als genug), wird es schwieriger zu planen. Auf diese Weise wird das gemeinsame Leben zur Verhandlungssache. Manche Paare tun sich das mit der Verhandlung gar nicht erst an und jeder lebt sein eigenes Leben.

Es ist so ähnlich wie mit der Entwicklung einer Sucht: Wenn man gewohnt ist, die eigenen Probleme mit dem Suchtmittel beiseitezuschieben, wird es immer schwieriger, sich den Problemen, die einem begegnen, zu stellen. Die wahre Problematik bei einer Sucht besteht ja darin, dass die Problemlösekapazität verloren geht. Bei Paaren, die sich angewöhnt haben, einander nicht zu konfrontieren, ist die Selbstverständlichkeit von Zeit und Raum nicht mehr vorhanden. Zeit und Raum sind deshalb so notwendig, weil in ihnen der gemeinsame Genuss stattfinden kann. Der Genuss erzeugt ein gemeinsames Land, in dem es sich gut leben lässt. Wenn sich ein Paar dafür keine Zeit nimmt und keinen Platz für das gemeinsame Erleben lässt, wird es für sie schwierig, miteinander zu leben.

*Kompromisse sind Einverständnisse – nicht aus Liebe, sondern aufgrund einer Erpressung.*

Andere Paare wiederum konfrontieren sich sehr wohl und schließen immer wieder Kompromisse. »Was sollen wir an diesem Wochenende tun? Ich würde gerne eine Wanderung unternehmen.« »Nein, ich würde einen Couchpotato-Nachmittag mit anschließendem Abendessen vorziehen.« »Du wirst ohnehin immer dicker und Bewegung würde dir guttun.« »Du hältst es nicht einmal aus, einen Nachmittag in Ruhe neben mir zu verbringen. Du funktionierst wie eine Maschine, die immer auf Touren ist.« »Na gut, dann bleiben wir eben dieses Wochenende zu Hause, aber am nächsten gehen wir dann wandern!« »Wenn es nicht regnet, vielleicht.«

So könnte eine Verhandlungsführung aussehen. Was man dabei erkennen kann, ist, dass das Ergebnis, auch wenn es ein Kompromiss ist, immer frustrierend ist. Denn Kompromisse sind Einverständnisse, die man nicht aus Liebe, sondern aufgrund irgendeiner Art von Erpressung zugesteht. Es bleibt das

Unbehagen, sich nicht im eigenen Leben wiederfinden zu können. Daher sind Kompromisse manchmal notwendige, aber immer schlechte Lösungen für ein Problem.

## *Echte Kommunikation ist liebevolle gegenseitige Gastfreundschaft.*

Wenn man ein gemeinsames Leben plant, sollte man sich zuallererst um das Gemeinsame bemühen. Ich empfehle Paaren, sich vor der Entscheidung, was sie im Urlaub oder am Wochenende unternehmen wollen, einfach zu umarmen – so lange, bis sie das Gefühl haben, einander zu spüren. Wenn sie sich dann gespürt haben, können sie sich fragen, was sie an diesem Wochenende, im kommenden Urlaub unternehmen möchten. Bevor man eine Entscheidung über eine gemeinsame Aktivität trifft, sollte man also das Gemeinsame gefunden haben.

Der goldene Weg zur Gemeinsamkeit (auf Latein: communio) ist die Kommunikation. Die Kommunikation ist die Pflege des Gemeinsamen in einer Beziehung. Man kann mit mentalen Mitteln kommunizieren (denken und fühlen) oder über das Verhalten (dazu gehören auch die Gestik und die körperliche Berührung in allen Facetten, nicht nur das Tun). In jeder Gemeinschaft wird die Qualität der Teamarbeit, die ja zentral als Motivator für Gemeinschaften zu verstehen ist, durch die Qualität der Kommunikation beschrieben. Kommunizieren wir gut, werden wir eventuell auftauchende Konflikte lösen und unsere Wochenenden blendend planen können. Dann gibt es in der Beziehung keinen Verlierer.

# 39
# WARUM SICH BEI EINER GUTEN SCHEIDUNG BEIDE ÜBER DEN TISCH GEZOGEN FÜHLEN MÜSSEN

Eine Scheidung muss kein tragisches Ereignis sein. Viele Menschen, die sich von ihrem Partner scheiden lassen, waren eigentlich noch nie verheiratet: formal vielleicht schon, aber sie haben die Ehe mental nie wirklich vollzogen.

Heiraten ist nicht immer eine bemerkenswert gute Idee. Wenn ich gefragt werde, warum man heiraten soll, erwarten die Menschen Argumente aus emotionaler oder sozioökonomischer Sicht oder sonst irgendetwas. Ich antworte ihnen jedoch, man solle dann heiraten, wenn man sich verheiratet fühlt. Viele Menschen heiraten aus Kalkül. Andere heiraten, weil sie dem Heiratsantrag des anderen nicht widerstehen können oder weil sie Angst haben, ansonsten die Beziehung aufs Spiel zu setzen; um ja nicht verlassen zu werden, heiraten sie. Wenn man sich verheiratet fühlt, kann man heiraten, und dann wird die Hochzeit auch als stimmig erlebt – wiewohl damit keineswegs garantiert ist, dass die Ehe Bestand hat.

Manche Menschen hoffen, durch die Heirat zu bewirken, dass sie sich verheiratet fühlen. Sie versuchen zum Beispiel, eine jahrelange Lebensgemeinschaft zu einer Ehe umzudeuten. Das geht oft schief. Legendär sind jene Beziehungen von Menschen, die viele Jahre zusammengelebt haben und sich kurz nach der Eheschließung trennen. Solche Eheschließungen sind misslungene Umdeutungsversuche. Wenn man sich plötzlich in einer

Ehe mit einem Menschen wiederfindet, von dem man spürt: »Das ist nicht mein Mann / das ist nicht meine Frau«, erschrickt man zutiefst und will nur noch weg. Das ist der Modus, in dem solche Beziehungen scheitern.

Von außen gesehen ist es fast unmöglich, den Zustand einer Ehe zu beurteilen. Auch mir als Paartherapeut ist es nahezu unmöglich, eine Ahnung zu bekommen, wie der Alltag eines Paares aussieht. Paare haben nämlich die Neigung, der Öffentlichkeit eine bestimmte ritualisierte Vorstellung anzubieten, die mitunter gar nichts mit dem zu tun hat, was daheim passiert. Daher wundert man sich manchmal, dass manche Ehen aus dem Bekanntenkreis immer noch nicht geschieden sind, und andererseits ist man bass erstaunt, wenn eine vermeintlich ideale Beziehung plötzlich vor der Scheidung steht.

## *Bei einer Scheidung kann es nur zwei Verlierer geben.*

Die Kommunikation innerhalb einer Ehe ist weniger von sozialen Kontrollen beeinflusst als vielmehr von einer beiderseitigen Inszenierung durch frühe psychologische Prägungen gefärbt. Die gegenseitige Darstellung der Partner gegenüber Bekanntschaften und Freunden trägt gewöhnlich die Züge einer gewissen Schönfärberei. Die Alternative ist eine fast ritualisierte Abwertung des Partners vor und gegenüber Dritten.

Wenn es dann zur Scheidung kommt, sind die Partner vom Wirklichkeitsdruck des Kollektivs befreit und stellen die Partnerschaft in ein Licht, das sie selbst gut und den anderen böse erscheinen lässt. Im Rahmen einer beabsichtigten Scheidung gibt es regelmäßig zwei Täter und zwei Opfer. Das Opfer ist immer man selbst, und der Täter ist immer der andere. Dieses Verhalten ist ganz typisch für Menschen in Konfliktsituationen, die auf diese Weise ihre Aggressionen legitimieren und die damit verbundene Destruktion als Notwehr dastehen lassen. Daher passen die Geschichten, die scheidungswillige Partner unabhängig voneinander erzählen, in keiner Weise zusammen; wüsste man es nicht besser, würde man nicht im Traum daran denken, dass es sich um die Beschreibung ein und derselben Ehe handelt.

## *Ein entschiedenes Leben ist die beste Prävention gegen eine Scheidung.*

Ich spreche daher von der psychotischen Wirklichkeit eines Paares vor der Scheidung. Scheidungen dauern gewöhnlich lange und es gibt nur eine Möglichkeit, die Zeit zu verkürzen, nämlich indem man das Paar dazu bringt, aus dieser psychotischen Wirklichkeitswelt auszusteigen und wieder in eine gemeinsame Wirklichkeit zurückzufinden.

Da die Menschen aber gewöhnlich sehr selbstverliebt sind und auf ihrer Selbstverteidigung beharren, gelingt das oft nicht. So muss man, wie in jedem Krieg, warten, bis die Kriegsparteien erschöpft sind und schließlich schlicht und ergreifend deshalb aufgeben, weil sie nicht mehr können.

Meistens geht es um den imperialen Anspruch bezüglich der Kinder und um die Aufteilung des materiellen Vermögens. Interessanterweise fühlt sich jeder angesichts der Forderungen des anderen als Opfer einer Zumutung. Eine Scheidung führt fast immer zu einer paranoiden Reaktion: Man verdächtigt den anderen, einen vernichten zu wollen (was oft eine Projektion ist). Das ist der Moment, in dem Anwälte ahnen, sich bald neue Reifen für ihren Porsche leisten zu können. Sie nutzen häufig die emotionalen Bedürfnisse ihrer Klienten aus, die dummerweise die materiellen Angelegenheiten nutzen wollen, um emotionale Dinge zu klären. So gut wie jede Einigung wird eine sein, in der sich beide Kontrahenten über den Tisch gezogen fühlen. Man sollte also in eine Scheidung im Wissen hineingehen, dass es nur zwei Verlierer geben kann. Ich habe noch kein Paar erlebt, bei dem nicht beide auf irgendeine Weise in ihrem sozioökonomischen Standard abgefallen wären.

Eine Scheidung ist meistens der Endpunkt eines Paarprozesses, bei dem einem das Ja abhandengekommen ist. Ein Ja ist nur dann ein Ja, wenn sich kein Nein hineinmischt, Jein bedeutet Nein. Ich habe einmal formuliert: »Entscheidung ist das Ende der Scheidung.« Paare, die sich füreinander entschieden haben, werden kaum in Lebenssituationen geraten, in denen sie sich scheiden lassen. Ein entschiedenes Leben ist die beste Prävention gegen eine Scheidung. Es gibt aber auch die Entscheidung für eine Scheidung, die dann einfach das Ende einer Unverbindlichkeit bedeutet. Eine geschiedene Ehe kann aus diesem Grund ein größerer Ausdruck von Verbindlichkeit sein als eine lieblos geführte Beziehung.

# 40
# WARUM JEDE LIEBESBEZIEHUNG IN WAHRHEIT NUR SYMBOLISCHEN WERT HAT

Wenn eine Liebe besonders groß ist, neigt man dazu, sein Gegenüber zu verherrlichen. Das ist nachvollziehbar, geradezu natürlich, würde man sagen. Und doch ist es grundfalsch, das eigene Leben so sehr mit diesem Menschen zu verbinden oder zu identifizieren. Denn damit überlastet man ihn, er muss einem alles sein. Wir personalisieren die Liebe, dabei ist die Liebe immer größer als eine Person.

Liebe ist die Empfindung der Verbundenheit. Insofern ist sie die einzige spirituelle Erfahrung, die wir als Menschen machen können. Die Verbundenheit hat keinen Grund, auch keinen Ausgangspunkt. Wir sind alle verbunden. Die Frage ist vielmehr, ob wir auf (oder trotz) der Grundlage unserer Lebenserfahrungen imstande sind, unsere Verbundenheit zu spüren. Es gibt dafür einen Lackmustest: Wenn wir allein sein und uns dabei wohlfühlen können, dann haben wir es kapiert. All-ein sein können. Ich kenne Menschen, die das Allein-sein-Können lernen mussten, weil sie sich vor Menschen fürchten; die meine ich nicht. Ich meine nicht die Menschenfeinde, denen nichts anderes übrig bleibt.

Wenn man in seinem Leben der großen Liebe begegnet ist, neigt man dazu, diesen Menschen als einzigartig und unverzichtbar zu betrachten. Dabei ist er nur der Botschafter der Liebe des Lebens zu sich selbst, wie der Dichter Khalil Gibran vermutlich sagen würde. Die liebevolle Begegnung ist wie jede Begegnung im Leben ein Angebot des großen Ganzen an uns, uns in diesem kurzen Leben finden zu können. Insofern hat sie in erster Linie Symbolcharakter für uns. Wenn wir das nicht verstehen, säkularisieren wir unsere Liebesbeziehungen und zerstören sie dadurch. Wir zerstören sie, indem wir ihnen ihre Magie absprechen, indem wir sie entzaubern. Eine Liebesbeziehung ist immer größer, als sie scheint.

*Liebe ist die einzige spirituelle Erfahrung, die wir Menschen machen können.*

Das griechische Wort Symbol bedeutet so etwas wie »zusammenfügen«. Im Symbol entsteht Einsicht. Wenn wir unsere Beziehungen zu fundamentalistisch interpretieren (indem wir den Liebenden mit der Liebe verwechseln), werden wir ihnen nicht gerecht. Denn im Grunde genommen sind wir wie Engel, die einander eine Botschaft vermitteln. Das ist die große Leistung der Liebenden: Sie übermitteln die Heilsbotschaft, auch wenn sie dabei möglicherweise ihr Gegenüber verletzen. Jeder Liebende ist eine Heilsbotschaft für den anderen, egal was passiert. Es ist nicht leicht, das zu akzeptieren.

Ich habe davon gesprochen, dass es keine schlechte Beziehung gibt. Die einen fördern uns, die andern fordern uns. Die Liebe zeigt uns etwas, das wir eigentlich kaum glauben können: dass es Vollkommenheit gibt. Die Beziehungen, die uns das in unserem Leben zeigen, sind keineswegs vollkommen. Sie sind nur Botschafter der Vollkommenheit. Das können wir nicht immer nachvollziehen, und doch ist es so.

Daher sollten wir immer voller Dank und Liebe sein, wenn uns jemand diese Brise Ewigkeit vermittelt, auch wenn er letztendlich der Botschaft selbst nicht standhält. Verneigen wir uns vor allen Menschen, die uns die Liebe gelehrt haben, vielleicht ohne dass sie es wussten. Denn jeder von ihnen hat uns an die andere Seite des Lebens herangeführt. Sie haben uns das Leben gezeigt, in dem wir nicht mehr angestrengt kämpfen müssen, in dem wir das Leben einfach unverdient geschenkt bekommen, in dem alles so ist, wie es sein soll.

Wenn wir so denken und fühlen, wird Frieden in unseren Herzen einkehren. Wir werden unsere (Liebes-)Engel nicht mehr mit unseren Erwartungen und Wünschen überlasten. Wir werden verstehen, dass die Beziehungen, die wir führen, ausschließlich zur Vervollkommnung der Beteiligten da sind, nichts weiter. Beziehungen haben keinen Selbstzweck, das dürfen wir nie vergessen.

Es gibt viele Menschen, die keine Partnerschaft führen, manche freiwillig, andere unfreiwillig. Diese Menschen haben deshalb nicht weniger Beziehungsangebote in der Welt. Auch in ihrem Leben ist jede Menge Platz für Liebe. Es gibt keine stimmige Ausrede, sich der Liebe zu entziehen.

## ÜBER DEN AUTOR

Univ.-Prof. Dr. med. Dr. phil. Michael Lehofer ist ärztlicher Direktor und Leiter einer Abteilung für Psychiatrie und Psychotherapie am Landeskrankenhaus Graz II. Er ist Psychiater, Psychologe, Psychotherapeut, Führungskräftecoach und Philosoph. Sein erstes Buch stand monatelang auf den österreichischen Bestsellerlisten. Zuletzt ist bei Gräfe und Unzer »Alter ist eine Illusion. Wie wir uns von den Grenzen im Kopf befreien« erschienen. Michael Lehofer hält Vorträge und ist auch als Psychotherapeut in freier Praxis tätig.

# MEHR VON
# MICHAEL LEHOFER

ISBN 978-3-8338-7042-2

 Auch als eBook erhältlich.

Mehr von GU auf **www.gu.de** und **facebook.com/gu.verlag**

# IMPRESSUM

© 2022 GRÄFE UND UNZER VERLAG GmbH,
Postfach 860366, 81630 München

Gräfe und Unzer ist eine eingetragene Marke der GRÄFE UND UNZER
VERLAG GmbH, www.gu.de

ISBN 978-3-8338-8228-9

1. Auflage 2022

Projektleitung: Anja Schmidt
Lektorat: Dr. Antje Korsmeier
Umschlaggestaltung: ki36 Editorial Design, München, Daniela Hofner
Layout: independent Medien Design, Horst Moser, München
Herstellung: Martina Koralewska
Satz: Uhl + Massopust, Aalen
Repro: LUDWIG:Media, Zell am See
Druck und Bindung: Livonia Print, SIA

Umwelthinweis
Nachhaltigkeit ist uns sehr wichtig. Der Rohstoff Papier ist in der
Buchproduktion hierfür von entscheidender Bedeutung. Daher ist dieses
Buch auf PEFC-zertifiziertem Papier gedruckt. PEFC garantiert, dass
ökologische, soziale und ökonomische Aspekte in der Verarbeitungskette
unabhängig überwacht werden und lückenlos nachvollziehbar sind.

Syndication: www.seasons.agency